교육목회
엑스폴로
22

**2022년도
교회학교 운영의
거절못할
로드맵**

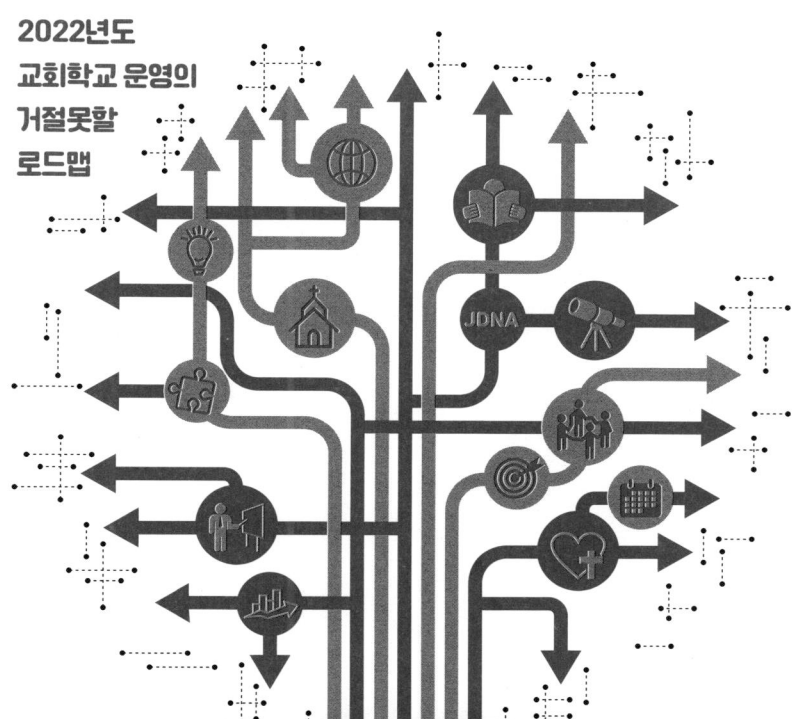

이 철
신상범
박연훈
이동진
우미리
최현민
신영옥
송수경

교육목회
엑스폴로
22

박연훈 외 14명 집필

진길창
박진석
허외숙
송주용
김정환
서영석
박한수

물맷돌

내가 복음을 부끄러워하지 아니하노니

이 복음은 모든 믿는 자에게 구원을 주시는 하나님의 능력이 됨이라

먼저는 유대인에게요 그리고 헬라인에게로다

− 로마서 1:16

머리말

교회학교가 비상을 넘어 아사 직전이다. "내년에 이렇게 하면 교회학교가 될까?", "요즘 어느 교회가 잘 한데? 얼른 탐방 가야지?" 2022년도가 코 앞이다. "이렇게 하면 될까?" 가 아닌 하나님은 이렇게 하길 바라고 원하고 이끄신다는 가이드를 누군가 해 주어야 할 때이다.

부산에서 서울로 가는 지도는 선명하다. 교회학교의 회복과 부흥도 그 선명한 지도를 가지고 출발해야 한다. 그 지도는 바로 성경이다. 성경은 확실하게 보여주다 못해 수 세기를 거쳐 소리쳐져 왔다. 그러나 많은 교회가 인본주의의 늪에 빠졌다. "애들은 간식을 좋아하는데…", "우리 교회 아이들은 특별 프로그램을 좋아해!" 하고 아이들의 눈높이에서 처방해 왔다.

2022년도부터는 아이들이 원하는 것은 차선에 두고 하나님께서 아

이들에게 원하는 것을 주자. 그게 회복의 원리이다. 교회학교 명칭도 교회 속의 교회로 각각 그 이름을 새롭게 지어보자. 이를테면, 유년교회, 초등교회, 소년교회, 아동교회, 어린이교회, 키즈처치, 1학년 교회, 3학년 교회, 6학년교회 등등…〈교육 목회 엑스 폴로 22〉*이하, 엑폴 22라 칭함.

   이것은 한편의 강습회가 아니다. 성경적 본질에 우선하여 로드맵을 제시한다. 하나님의 선물이다. 선물 포장을 뜯고 상자 안을 들여다보니 "복음"이 있다. 그래서 주제가 "복음으로 충분합니다 (롬 1:16)" 이다. 당당하게 말할 수 있다. 복음으로 충분하다. 필자가 지난 6년 동안 복음으로 교육디렉터, 코치디렉터 직임을 가지고 교육 목회 현장에서 직접 섬겨 보았다. 다 되었다. 그러므로 한국교회는 그 어떤 교회라도 초등학생

단 1명이 있다면 교회학교를 다시 문을 열어야 한다. 다음 세대가 죽으면 다 죽는다.

〈엑폴 22〉는 유튜브 영상 강의로 마치지 않는다. 〈핸드북 + 온라인 실시간 스트리밍 + 사후 홈페이지 자료 제공〉으로 편성하였다. 2022년도 아동부 운영을 이대로 실행하기만 하면 교회학교 회복, 재건이라는 열매를 거두게 되는 것이다. 〈엑폴 22〉의 콘텐츠는 2022년도 1월부터 곧바로 교회학교 아동부에 적용할 수 있는 항목들로 선별하였다. 복음의 안경으로 교회학교 아동부를 보았다. 회복과 부흥의 정답이 훤히 보였다. 이제 다 함께 출발하면 된다.

〈엑폴 22〉의 강사 선정 기준은 모두 100% 현장 사역자들이다. 어떤 이는 그 사역에 평생을 쏟은 목사도 있다. 이 두꺼운 핸드북은 책상에서 끄적거린 이론이 아니다. 그리고 이 혹한의 코로나 19를 견뎌낸 현장 실무자들이다. 〈엑폴 22〉의 5일 동안의 강의 구성은 각각 챕터별로 특징을 두고 세팅하였다.

22일 월요일은 "진단과 회개의 날"로 한국 주일학교부흥 약사 그리고 세계역사상 최고의 아동부 부흥의 샘플이 되는 무디가 시카고에서 강력하게 복음으로 일으킨 〈어린이선교회〉 운동을 비교한다. 이것은 밑 빠진 독의 물 붓기처럼 오래전부터 새고 있던 한국교회 교회학교 아동부의 문제점을 성경적으로 진단하고 성경의 처방전을 받아 방향을 하나님께 향하게 할 것이다. 그렇게 애썼는데 교회학교가 왜 붕괴하고 무너지는지 그 원인을 진단하면 성공한 것이다.

23일 화요일 10시~11시50분까지의 강의는 "찬양의 날"로 어린이들이 교회의 콘텐츠 중에서 가장 거리낌 없이 쉽고 친근하고 많은 시간을 접하게 되는 찬양을 성경적으로 정립한다. 초등학교 음악 시간 같은 수준에서 하나님의 임재를 체험할 수 있는 교회 본연의 "찬양 시간"을 어떻게 모든 교회학교 아동부가 실현할 수 있는지, 장년부 찬양과 어린이 찬양곡 선곡의 차이점, 15분 동안의 찬양 시간을 통하여 6년에 72곡을 암송하여 찬양이 삶이 되는 비밀을 공개한다.

24일 수요일은 "예배의 날"이다. 시장통 같은 분위기 속에서, 얼른 끝나길 바라는 예배와는 이제 이별이다. 아벨의 예배, 솔로몬의 예배, 생애 잊을 수 없는 생명력 넘치는 예배를 어떻게 드릴지 그 신비한 눈이 열린다. 우리가 그동안 얼마나 어린이 예배를 설렁설렁 아무렇게나 드렸는지 각성하고 회개해야 할 것이다. 최근 CGN 방송에서 밝혔듯이 코로나19 방역 사태로 교회를 아이들이 떠나는 것이 아니라 예배를 드릴 수 없어서 교회를 떠난다는 일은 이제 2022년도 한국교회 교회학교에서는 다시는 반복되지 않을 것이다. [출처] CGNTV 특집 다큐멘터리 〈안녕히 계세요, 하나님〉 아이들이 교회를 떠난 진짜 이유| 2021.5.23.10:30am

또 목회의 시작부터 초등학생 목회에 헌신하고 있는 진길창 목사의 현장에서 끌어 올린 주옥같은 강의는 교육목회자와 교사의 심장을 뛰게 할 것이다.

25일 목요일은 "반목회의 날"로 소위 '분반공부 개혁'이다. "오늘은 분반공부 쉽니다!"라는 광고에 환호하는 어린이들에서 "요람에서 무덤까지의 기적"을 누리는 영혼이 사는 은혜의 15분이 될 것이다. 이미 검증된 감리교의 속회, 장로교의 구역회, 셀, 목장이 있다. 하지만 우리는 왜? 굳이? 어린이들에게 "공부! 공부!"를 외치며 교회를 지겹고 따분한 장소로 오해하게 만들었나? 일 년 임기의 교사 시스템에서 다년직 교사시스템으로의 변화, 한번 아이를 만나면 사춘기 전까지 중생과 성령세례를 체험해야 한다. 모든 어린이들이 복음으로 완전히 무장하여 복음이 무엇인지 또렷하게 고백할 수 있고 더 나아가 그 복음을 친구에게 직접 전할 수 있는 어린이들로 목양할 수 있는 반목회의 능력을 공유하게 된다. 주중 관리의 대안으로 급부상하고 있는 스타큐티가 공개되며 백양로교회 어린이들의 사역이 친근하게 소개된다.

26일은 "전략구축의 날"로 2022년도 아동부 부흥 전략을 전수받는다. 이미 개척교회부터 키즈처치를 꿈꾸는 충주열방교회 사례발표가 작은교회의 희망이 될 것이다. 또한 지난 8년간 강원도 홍천의 작은 마을에서 다음세대에 올인한 동홍천감리교회 김정환 목사의 감동사례가 듣는 이들의 감동과 도전, 다음세대 목회에 강력한 동기부여를 얻기에 충분할 것이다. 매일 끝 시간은 메시지 타임으로 구성되어 있다.

이렇게 〈엑폴22〉는 15개의 강의와 설교로 한국교회 5만 담임목사님들과 교육목회자 부장 교사들의 심장에 뜨거운 생기를 성령께서 불어 넣어 주실 것이다. 〈엑폴22〉는 주 성령께서 명하는 해까지 매해 가을에 개최된다. 그것이 비대면이든 대면이든 2022년에는 〈교육목회 엑스폴로23〉, 2023년에는 〈교육목회 엑스폴로24〉 이렇게 말이다.

2021년 9월 19일 오후 (현지시간) 북아프리카 서쪽 스페인령 카나리아제도의 라팔마섬 쿰브레 비에하 국립공원 '카베사 데 바카' 구역 내 화산이 분화했다. 당국은 이 화산이 일주일간의 지진 활동 끝에 폭발해 분출된 용암이 가옥을 파괴하고 해안으로 접근하면서 수천 명의 주민에 대피령을 내렸다. 사실 이 화산은 반세기 만에 일어났다고 한다. 뉴스를 통해 300m~350m를 뿜어내는 용암, 그것이 한없이 흘러내려 가옥과 아스팔트 도로를 순식간에 덮어 버리는 용암의 힘에 놀람을 금치 못했다. 대한민국 교회학교도 이것처럼 반세기 만에 성경에서 다시 폭발되길 바란다.

이제 복음으로 엑스폴로되면 진정한 십자가 보혈이 온 강산을 덮어 그리스도의 계절이 오게 할 수 있다.

오직 예수 그리스도만이 하신다. 오직 뜨거운 성령으로 다시 부흥된다. 하나님 아버지가 통치하시는 진정한 자유의 세상이 열린다. 한 걸음, 한 걸음씩 다시 교회학교를 열자. 담임목사의 결단이면 성큼 열린다. 할렐루야!

키즈처치리바이벌
다음세대부흥본부
박연훈 목사

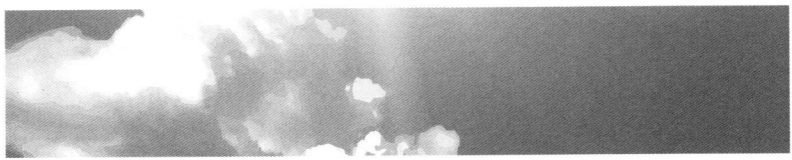

대회사

이 철
기독교대한감리회 감독회장
한교총 대표회장

    요즘 교회를 보면 어른들은 보이지만 중고등학생들, 초등학교 학생들을 만나기가 쉽지 않습니다. 여름성경학교를 할 때면 교회전체가 축제였습니다. 지금은 교회학교 자체가 어렵다 못해 모이지 못하는 교회도 있습니다. 우리의 교회학교의 현실입니다. 코로나 펜데믹으로 인해 그 위기는 더해졌습니다.

    한국교회는 한때 "지평에 떠오르는 태양"으로 비유될 만큼 성장을 했습니다. 전 세계에서 제일 큰 교회들은 거의 모두 한국에 있을 정도였습니다. 다음세대를 세우지 못하면 교회의 미래는 없습니다. 역사의 뒤안길로 사라질 위기에 처해있는 교회를 살리는 길은 다음세대를 바로 세워야 가능합니다. 다음세대를 세우는 목회를 더 이상 미룰 수 없습니다. 역량을 모아야 합니다. 이것은 개체교회의 일이 아니라 함께 머리를 맞대고 고민하며 절박한 심정으로 기도해야 할 일입니다. 한국교회 전체가 일어나야 합니다. 기독교방송인 CTS, CBS는 다음세대를 세우는 사역을 본격적으로 감당하기 위해 운동본부를 출범시키며 캠페인을 시작하였습니다. 이제 다음세대를 세우는 교육목회 현장도 일어나야 합니다. 교육목회 엑스폴로 22는 절박한 심정으로 기도하며 준비한 대회입니다.

엑스폴로 74를 기억하십니까? 여의도광장으로 불리던 곳에 약 150만 명이 참석하였고, 세계최대규모의 전도합숙훈련으로 하루에 420만 명에게 전도하고 270만 명 이상이 결신한 엄청난 전도대회였습니다. 집회만이 아니라 세계 90여 개국에서 33만 명이 합숙하며 전도하는 훈련프로그램과 성경공부도 진행이 되었습니다. 천막이 500여 동이 설치되고, 5,000명 분의 밥을 한 번에 할 수 있는 대형솥도 설치되었고, 당시 체신부에서는 임시 우체국과 공중전화를 설치하고, 대한적십자사는 미아보호소를 운영하였습니다. 치안본부는 임시파출소와 임시소방서까지 설치하는 등 그야말로 기록을 남기는 대회였습니다. 다음세대를 위하여 꿈을 꿉니다. 1974년의 놀라운 부흥을 이끌었던 엑스폴로 74는 100여 가지 이유로 반대에 부딪쳤지만 결국 진행되었습니다.

지금은 참 힘든 시기, 무언가를 시도하기에 참 어려운 때지만 교육목회 엑스폴로 22는 한국교회가 시도해 보지 않은 교육목회의 영적폭발을 위해 준비되었습니다. 우리는 천막도, 식사를 위한 솥도, 안내를 위한 수많은 스태프도, 치안을 유지하기 위한 파출소도 필요 없습니다. 4차 산업혁명의 시대, 메타버스의 시대입니다. 온라인 스트리밍으로 11월 22일 오전 10시부터 진행됩니다. 어느 곳에 계시던지 누구나 참여

하실 수 있습니다. 말씀보다는 게임을 가까이 하는 문화, 저출산으로 위기에 처해있는 현실, 다음세대를 세우는 일은 우리의 계획으로 되는 것이 아니라 오직 주의 영으로만 가능한 일입니다. 단 한 명의 초등학생이 있어도 교회 속의 교회인 Kids-church를 일으켜 다윗 같은, 솔로몬 같은 시대를 이끄는 인물을 키워낼 수 있기를 기대합니다. 11월 셋째 주. 교육목회 엑스폴로 22를 통해 미래가 새롭게 열릴 것입니다. 주님이 하셨습니다. 주님이 하십니다. 아멘!

인사말

제2대 대표회장 **신상범**
기성 제111회 총회 총회장 역임
새빛교회 담임 목사

할렐루야! 인사드립니다. 제2대 다음세대부흥본부 대표회장 신상범 목사입니다. 극악무도한 코로나19 사태를 이기고 견디시느라 고생하신 모든 이들에게 주님의 평강과 위로를 드립니다. 교회학교가 그렇잖아도 어렵고 힘겨웠었는데 이 말도 안되는 전염병으로 교회학교가 반토막이 났다니 얼마나 경악스럽고 안타까운지 모르겠습니다. 하나님께서는 미리 이런 일에 대비하라는 것인지 2019년 11월 12일에 다음세대부흥본부를 출범하게 하셨고 교계 여러 지도자되신 목사님들께서 공동회장으로 섬겨 주셔서 희망의 불씨를 놓지 않게 되었습니다.

다음세대부흥본부는 아래와 같이 세 가지 주요 사역의 정신이 있습니다.

하나, 운동목표

① 폭감하는 교회학교 아동부의 재 부흥을 주도한다.

② 문 닫은 교회학교 아동부를 다시 열게 한다.

③ 12개 교단 신학대학에 〈어린이전도단〉 동아리를 구성하여 전문가를 양성한다.

둘, 하나님의 요구에 응답

① 성령하나님께서 이 땅의 다음세대가 영적으로 살아나길 소원하신다.

② 계속 감소하고 있지만 정작 그 어디도 부흥의 대안이 없었다.

③ 지금 다음세대를 세우지 않으면 기독교의 미래가 보장되지 않는다.(삿2:6~15)

셋, FIVE 동력

① 교사증원+전문훈련(부장시스템 담임목사님이 지명)

② 출석학교별 반편성(반을 형평성 있게 출석 학교별로 편성)

③ 스쿨존전도(비가 오나 눈이 오나 붙박이로 매일 전도 그 결과 이미지 구축)

④ 전략적 전도축제(아이들이 이미 작정한 VIP 친구들을 1명 콕 짚어 초청)

⑤ 72찬양+312요절 암송, 영성훈련, 어캠 참석(예수 생명을 사춘기 전에 이식)

이에 실천하는 두 번째 초교파적이며 국가적인 대회 〈교육목회 엑스폴로22〉가 개최되어 기쁩니다. 모두 하나님의 은총이며 희망으로 오신 성령님의 역사입니다. 위드 코로나 시대를 여는 2022년도 교회학교 로드맵으로 반드시 "성경적 교회학교" 교회 속의 교회로 거듭나고 개혁되어 하나님의 마음을 시원하게 해 드릴 것입니다. 실시간 유튜브 스트리밍으로 끝나는 것이 아니라 출판된 교재, 홈페이지에서 지속적으로 관련 자료를 무료로 공유하게 됩니다. 패배주의에 물들어 망연자실하던 교사들에게 오아시스에서 샘물을 만난 기적처럼 어린이들에게 새 생명을 무한히 일으키실 수 있을 것입니다.

　홈페이지와 교재, 유튜브로 만나는 모든 교역자와 다음세대 실무자들께 깊이 감사드립니다. 2022년도에는 보다 더 성과 있는 결과들을 〈교육목회 엑스폴로23〉에서 만나시게 될 것입니다. 성경적 교회학교로 다시 회복되는 놀라운 열매를 맺는 주역이 되시길 축복합니다. 감사합니다.

CONTENTS

머리말 6
대회사 12
인사말 15

Chapter One
진단과 회개

제 1 장
주제해설   32

   I. 복음으로 충분하다

   II. 6년이면 충분하다

       1. 주일학교와 교회 속의 교회
       2. 담임 구성을 다년제로
       3. 찬양+예배+설교+반목회+주중관리

   III. 한 명이면 충분하다

제 2 장

한국 주일학교 부흥 약사   44

I. 들어가는 말

II. 주일학교의 유래
1. 주일학교의 시작
2. 주일학교의 전개

III. 한국 주일학교
1. 한국 주일학교 전역사
2. 한국 기독교 교육
3. 한국 교육목회와 신앙공동체

IV. 나아가는 말

제 3 장

무디의 부흥운동과 어린이선교회   62

I. 부흥 운동의 배경과 사역

II. 무디의 삶과 영향

III. 회복과 부흥을 위한 대안
1. 교사의 영성
2. 교사의 헌신에 대한 만족도를 높여라
3. 핵심가치의 이해와 패러다임의 변화

Chapter Two
찬양 회복

제 1 장
성경에서의 찬양　　　　　　　　　　86

　I. 지성소 찬양

　II. 성경에서의 찬양 사건

　　　1. 홍해를 건넌 미리암의 찬양
　　　2. 여호수아의 찬양
　　　3. 그 유명한 다윗의 찬양
　　　4. 잘 안 알려진 여호사밧의 찬양
　　　5. 찬양의 모델, 바울과 실라의 찬양

　III. 어린이교회에서 불러야 할 찬양의 선곡 기준

　IV. 임재를 체험하는 실제적 제안

　　　1. 아이들 스스로 하나님께 나아가게 하라
　　　2. 많은 곡보다 좋은 곡
　　　3. 불후의 명곡 리스트
　　　4. 멘트 사용법

　V. 결언

제 2 장
노래에서 찬양으로   100

　Ⅰ. 노래와 율동에서 몸찬양으로

　Ⅱ. 아낌없는 지원

　Ⅲ. 좋은 찬양인도자

　Ⅳ. 어린이 찬양팀 세우기

　Ⅴ. 변화의 기회

제 3 장
양주세계로중앙교회 아동부 찬양 사례발표   112

　Ⅰ. 10명으로 시작

　Ⅱ. 15개월의 시간

　Ⅲ. 놀라버린 부모

　Ⅳ. 교사들의 기도회

　Ⅴ. 다양한 제안

　Ⅵ. 찬양단 훈련 노하우

　Ⅶ. 결언

Chapter Three
예배 회복

제 1 장
어린이도 예배 잘 드려야 한다　　　132

I. 세 형태의 주일 어린이예배
   1. 열린예배
   2. 전통예배
   3. 온가족예배

II. 15분, 20분, 15분의 승부
   1. 찬양 15분
   2. 설교 20분
   3. 반목회 15분

III. 결언

제 2 장
아이들도 좋은 설교를 원한다　　　144

I. 설교에 대한 기폭점 몇 가지

II. 어린이 설교 시선 사로잡는 지혜 6가지
   1. Eye contact와 선포적인 "할렐루야"
   2. 수미상관적인 목표 설정과 달성의 원리
   3. 기본에 충실한 성경내용 전달을 위한 PPT사용

    4. 동떨어진 예화보다 말씀 중심의 스토리로 스마트하게 전개하라
    5. 설교 후반대로 갈수록 영혼이 반응하게 강력하게 결단을 촉구하자
    6. 설교의 클라이막스인 합심 기도를 꼭 하자
  III. 결언

제 3 장
성령께서 이끄시는 예배   **162**
  I. 표어만 거창한 다음세대 관심
  II. 저절로 아멘이 터지는 설교
  III. 예배 리허설 꼼꼼한 준비
  IV. 결언

Chapter Four
분반공부에서 반목회로

제 1 장
교회는 학교가 아니라 예수 공동체   182

  I. 분반공부에서 반목회로

  II. 결코 짧지 않은 15분 승부

  III. 5분+10분+5분으로 목회

     1. 첫째 5분
     2. 그 다음 10분
     3. 마지막 5분

  IV. 결언

제 2 장
스타 STAR 큐티   192

  I. 어린이 큐티

     1. 어린이도 성경을 묵상할 수 있다
     2. 훈련이 없어 큐티를 못했다
     3. 큐티는 인간 중심의 사고에서 하나님 중심의 사고로 전환

  II. STAR 큐티의 구조

  III. 큐티의 실제와 순서

     1. 시간 정리와 장애물 정리

2. 준비물을 챙겨라
   3. 찬양과 고백, 그리고 기도
   4. 성경 읽기
   5. 기억하기와 노트쓰기
   6. 감사 기도하기
   7. 찬양과 나눔
 Ⅳ. 제언

제 3 장
생동감이 넘치는 반목회 사례 발표   206

 Ⅰ. 감동의 설교
 Ⅱ. 활동이 있는 반목회
 Ⅲ. 주일에서 주중으로
 Ⅳ. 반목회 활동 사례들
   1. 퀴즈를 이용한 활동
   2. 미술을 이용한 활동
   3. 요리, 음식을 이용한 활동
   4. 글쓰기를 이용한 활동
   5. 게임을 이용한 활동
   6. 체험, 야외 활동
   7. 연극
   8. 선교, 봉사 참여
 Ⅴ. 제언

Chapter Five
2022년도 전략 구축

제1장
전 교인이 다음세대에 올인한 결과를 보자   220

I. 아이들이 구름떼처럼 몰려드는 교회학교
  1. 내실을 기하자
  2. 예일교회 6개월의 결과
  3. 학부모를 통한 총력

II. 교육목회 코칭
  1. 제1콘텐츠 = 교사 모집
  2. 제2콘텐츠 = 학년에서 무학년제
  3. 제3콘텐츠 = 교사 기도회
  4. 제4콘텐츠 = 반이 작은 교회라는 인식의 변화
  5. 제5콘텐츠 = 환경미화, 교육시설 개선
  6. 제6콘텐츠 = 교역자 부장 중 한 명이 6년 이상 섬겨라
  7. 제7콘텐츠 = 교사집회+어린이캠프

III. 주께서 하신다
  1. 실질적 목회 실행
  2. 어? 진짜 되네

제 2 장
키즈처치를 꿈꾸다　　　　　　　　　238

　Ⅰ. 들어가는 말
　Ⅱ. 키즈처치를 꿈꾸다
　Ⅲ. 주중관리의 필요성
　Ⅳ. 말씀일기
　　　1. 말씀일기 어떻게 하는가?
　　　2. 어떤 성과가 있는가?
　Ⅴ. 제언

제 3 장
동홍천교회 다음세대 이야기　　　246

　Ⅰ. 들어가는 말
　　　1. 동홍천 교회의 어제와 오늘 그리고 내일을 꿈꾸다
　　　2. 교회의 위기를 보게 되다
　　　3. 사력을 다해 수고하고 헌신했는데 그 결과
　　　4. 스마트 폰의 보급 이전과 이후 세대로 달라진 영적 형편
　　　5. 내가 가장 후회하는 일 중에 하나
　Ⅱ. 동홍천교회의 목회 방향의 전환
　　　1. 성령이 주시는 영감으로 공동체의 비전을 품다
　　　2. 신앙공동체, 교육공동체, 경제공동체를 이루다
　　　3. 교육공동체 '이끌라 318 기독사관학교'를 개교하다
　　　4. 동총천교회 공동체의 다음세대 교육의 흐름들
　　　5. 경제 공동체가 실현되다
　Ⅲ. 제언
　　　1. 교회속의 교회, 절대 문 닫지 말라
　　　2. 열매를 맺으려면 10년을 집중하라
　　　3. 온 성도가 다음세대에 올인하라
　　　4. 식탁 공동체로 교제하라
　　　5. 공동체성을 회복하라
　Ⅳ. 나가는 말

Chapter Six
교사 특강과 메세지

특강 1.
목회적 관점에서의 교사의 직무　　　278

1. 바울의 복음을 향한 열정
2. 목자로서의 교사
3. 복음 전하는 자로서의 교사

특강 2.
메시지, 교사 스승 그리고 아비　　　288

1. 우리는 복음에 빚진 자이다
2. 우리가 먼저 그리스도를 본받는 자가 되어야 한다.
3. 우리의 심장에 불이 있어야 한다.

〈엑스폴로23〉을 꿈꾸며　298

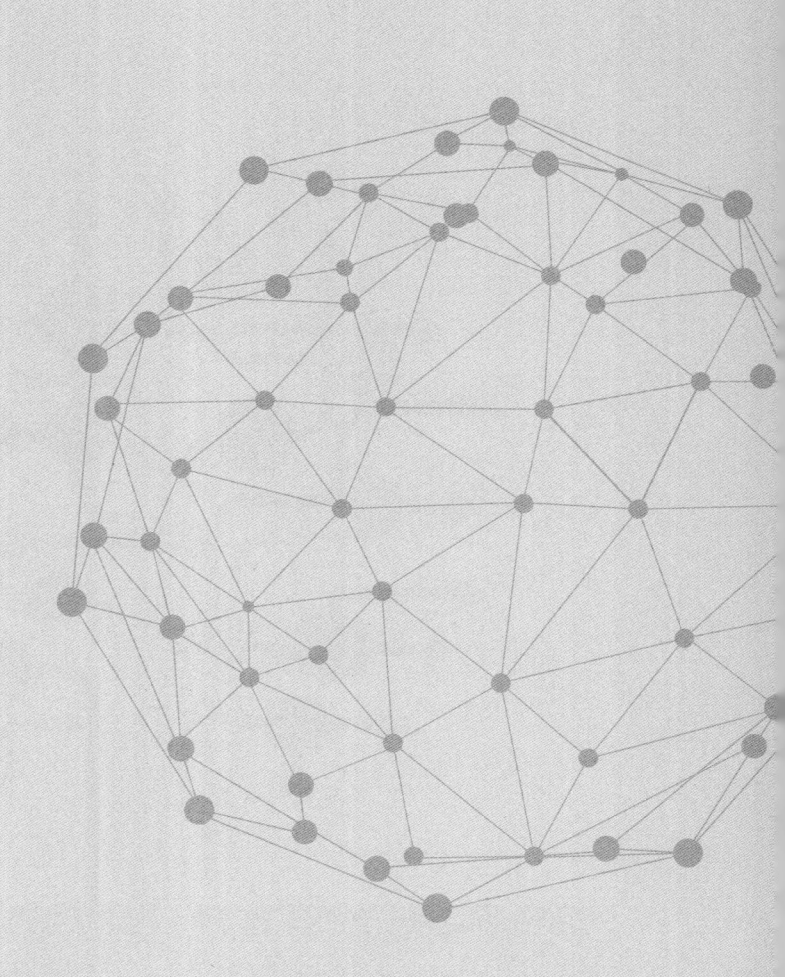

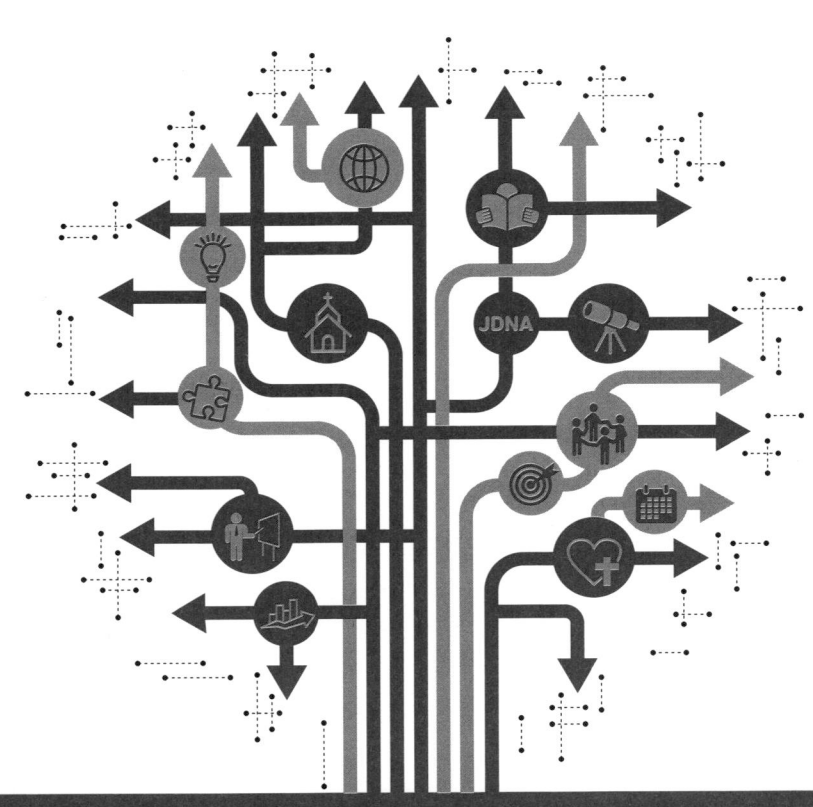

Chapter One
진단과 회개

제1장 주제해설
제2장 한국 주일학교 부흥 약사
제3장 무디의 부흥운동과 어린이선교회

제 1 장
주제해설

박연훈 목사(기감)

협성대, 총신대 신학과 졸
감신대선교대학원 졸
미드웨스트 음악석사
에반젤 음악박사

프레이즈예술신학교 설립자
교회학교성장연구소 소장
어린이은혜캠프 1996년부터 개최
다음세대부흥본부 본부장

praise7070@daum.net
010-2281-8000

강의주요콘텐츠
-교사대학
-학교앞전도, 반목회, 교사부흥회, J-DNA 시스템 등
-어린이부흥회
-온가족부흥회

　예수님의 복음은 이 세상 최고의 가치이다. 나는 모태신앙이다. 주일학교 6년을 지냈고 고등학교 1학년 하계수련회에서 은혜의 맛을 시작으로 평신도 여름사경회에서 극적으로 마지막날 저녁, 금요일에 성령세례를 받았다. 그때 만난 하나님이 지금의 나를 존재케 한다. 복음의 능력이다.

　내가 대한민국에 발을 딛고 살아오는 동안 많고 많은 사건과 사고가 있었지만 크게 3대 재앙을 꼽아 보면 성수대교 붕괴, 삼풍백화점 붕괴, 세월호 사건이다. 성수대교 붕괴사건은 1994년 10월 21일 서울특별시의 한강에 위치한 성수대교의 상부 트러스가 무너져내려 일어난 사고다. 이 사고로 17명이 다치고 32명이 사망하여 총 49명의 사상자를 냈다.(출처, 위키백과)삼풍백화점 붕괴사건은 1995년 6월 29일 오후 5시 57분경 대한민국 서울특별시 서초구 서초동에 있던 건물이 신축 6

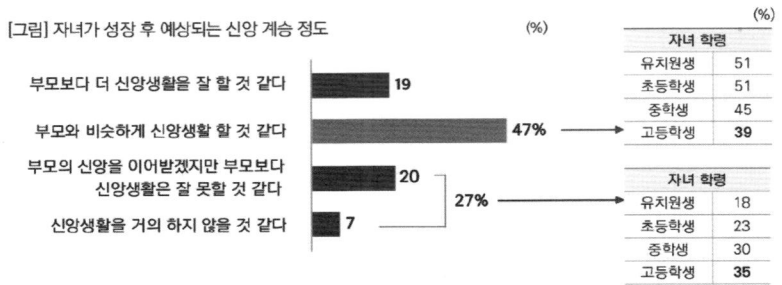

년만에 무너지면서 1,445명의 종업원과 고객들이 다치거나 사망자가 있었으며, 인근 삼풍아파트, 서울고등법원, 우면로 등으로 파편이 튀어 주변을 지나던 행인 중에 부상자가 속출해 수많은 재산상, 인명상 손해를 끼쳤다. 사망자는 502명, 부상자는 937명이며 6명은 실종되었다. 피해액은 약 2,700여 억 원으로 추정된다. (출처, 위키백과)

세월호 침몰 사고는 2014년 4월 16일 오전 8시 50분경 대한민국 전라남도 진도군 조도면 부근 해상에서 여객선 세월호가 전복되어 침몰한 사고이다. 세월호는 안산시의 단원고등학교 학생이 주요 구성원을 이루는 탑승인원 476명을 수용한 청해진해운 소속의 인천발 제주행 연안 여객선으로 4월 16일 오전 8시 58분에 병풍도 북쪽 20km 인근에서 조난 신호를 보냈지만 2014년 4월 18일 세월호는 완전히 침몰하였으며, 이 사고로 시신 미수습자 5명을 포함한 304명이 사망하였다. 침몰 사고 생존자 172명이었다.(출처, 위키백과)

재앙이라 할 수밖에 없는 이 3대 사건의 사망자는 총 32+502+304 = 838명이다. 이 사건들 후 국가는 빠르게 달라졌다. 더욱이 세월호 충격 후 엄청난 재난구조 시스템의 변화를 가져왔다. 재난 및 안전관리 기본법의 제2장 제2절 중앙재난안전대책본부가 세워지고 2019년 12월 3일에 재난현장 통합 자원봉사지원단이 설치되었다. 그리고 수학여행을 무리가 아닌 소그룹으로 보내는 실질적 조치도 하였다. 다양한 부분에서 대응 대처를 하고 있다는 말이다.

그렇다면 교회학교는 어떠한가? 대한민국의 주일학교는 1888년 1월 15일 이화 학당에서 12명의 학생과 3명의 부인이 모여 스크랜튼 부인의 지도 아래 성경 공부를 한 것이라고 한다. 이를 시작으로 2021년 코로나19의 펜데믹 사태까지 하나님은 수를 헤아릴 수 없을 만큼의 엄청난 어린이들을 주일학교에 보내 주셨다. 그러나 그 어린양들이 다 어디에 갔는가? 교회는 그들을 천국 갈 영혼으로, 하나님의 영광을 위하여 살 수 있는 예수님의 작은 제자로 양육했는가? 앞서 언급한 우리 세대의 3대 재앙과는 비교가 안 되는 숫자의 영혼들이 사고가 났다. 구원시키지 못했으니 작금의 '교회학교'라 하는 '방주'는 그야말로 풍전등화요, 침몰 직전이 아닌가 말이다.

교회학교 인원의 감소 속도가 빨라져서도 문제지만 더 큰 문제는 교회학교에 나온다는 어린이들의 신앙의 질이 너무 떨어진다는 것이다. 6년을 교회학교에 다녀도 복음을 모르는 어린이, 식사기도 외에 하루에 단 한 번도 기도할 줄 모르는 어린이, 교회에 앉아 있으나 전해지는 말씀에 저절로 아멘이 터지지 않는 어린이... 뭔가 이상하지 않은가? 아이들이기 때문에 그렇지 않겠느냐고 항변하기엔 하나님 앞에 너무 부끄

교회학교 감소 속도, 일반 학령인구보다 1.5배 더 빨라!

[표] 2010~2019년 학령인구 vs 교회학교 인구 변화 추이

(단위 : 학령인구 1,000명, 교회학교인구 : 명)

	초등학교			중고등학교			합계		
	2010	2019	증감율	2010	2019	증감율	2010	2019	증감율
학령인구	3,280	2,765	-16%	4,069	2,772	-32%	7,349	5,537	-25%
교회학교 인구	228,459	144,695	-37%	188,304	115,025	-39%	416,763	259,720	-38%

* 학령인구 출처 : 통계청, 장래인구추이 2019.03.
** 교회학교 인구 추이 : 예장통합교단 교세 통계

럽고 죄송하다. 숫적 감소보다 아이들의 인성이 복음으로 세워지지 못하고 중.고등부로 올라가면 올라갈수록 우수수 떨어지는 낙엽처럼 반복되는 이 현상이 말이다.

이제 더 이상 부동할 수 없다. 달라 져야 한다. 하나님께 시선을 돌려야 한다. 그에 대한 출발점이 바로 〈교육목회 엑스폴로22〉이다.

I. 복음으로 충분하다

위드 코로나 시대에 우리가 만나는 2022년도는 교회학교의 정체성을 분명히 하고 내실을 기하는 해이다. 그러려면 냉철한 진단과 점검이 선행되어야 한다. 변화 없이 2022년을 만난다면 그 결과는 보나마나

뻔하다. 추락의 연속인 것이다. 아니 더 추락할 게 없다. 교회학교가 이제는 안된다. 모두가 어렵다고 손사래를 친다. 특히 유년, 초등, 소년부(아동부 혹은 어린이부)는 부모들이 보내지 않는다고 한다. 코로나19 이전에 이미 수많은 개척교회와 중형교회들이 교회학교의 문을 닫았고 코로나19 대유행 2년의 기간 동안 그나마 나오던 아이들의 48%가 줄었다 한다. 부모들도 자녀들의 신앙 계승이 어렵다 하며 부모세대보다 신앙이 더 못하거나 아예 신앙생활을 하지 않을 것 같다가 27%이다.

물론, 교회는 어렵다. 초대교회 때부터 시작하여 오늘에 이르기까지 교회를 세우는 것 자체가 항상 어려웠고, 고생스럽고, 잘 안되는 일이었다. 더군다나 그 어려움의 여파에서인지 몰라도 과거에는 개척하면 교회학교부터 운영했는데 지금은 교회학교 운영을 아예 접고 장년 목회에 목회자의 모든 역량을 쏟는 시대가 되었다.

그래서 이 〈교육목회 엑스폴로22〉의 대상은 담임목사가 주요 타켓이다. 한국교회는 담임목사의 기도에서 순종한 결단이면 모든 게 다 되었다. 한국교회의 급성장에는 담임목사의 헌신과 열정 그리고 생명 건 기도와 희생에 있었다. 이제 그 목회적 결단을 다음 세대에 투자하려 하면 하나님이 움직이시기 시작하신다. 문제는 복음으로 풀어야 한다는 것이다. 목회를 한다면 그 어떤 목사가 교회학교 아동부(유년, 초등, 소년부)를 이렇게 붕괴되도록 두었겠는가? 푸짐한 간식, 문화상품권, 버블쇼, 인형극, 어와나, 메빅은 콘텐츠에 불과하다. 교회학교는 학교가 아니다. 그 시스템을 빌려온 것이지 내용은 영혼구원이다. 그런데 6년을 교회학교에 출석해도 거듭남을 모르고 찬양 하나 말씀 한 구절도 줄줄 읊조리지 못하는 이 현실을 직시하고 원리에 충실해야 한다는 것이다.

복음으로 충분하다는 것은 결국 이것이다. 구원의 확신이 있는 어린이, 성경적 세계관이 잡힌 어린이, 복음을 체득하고 예수님을 만난 경험이 있는 어린이, 스스로 기도 생활을 하는 어린이, 복음을 친구에게 사람들에게 전할 수 있는 능력의 어린이, 천국을 소망하고 하루를 살아도 하나님께 기쁨이 되는 삶을 사는 어린이로 키워야 한다. 이것이 교회학교의 운영 목표여야 하고 방향이어야 한다. 하나님의 절대 주권은 미치지 못하는 곳이 없다. 하나님께서 하시도록 담임목사와 장로, 부름 받은 교육목회자와 부장, 교사가 스피릿을 바로 하고 자신을 불사르면 복음의 능력이 충만한 교회학교가 될 수밖에 없다. "초의 능력은 크기에 있는 것이 아니라. 자신의 몸을 불사르는데 있다"고 혹자는 말한다. 우리는 이미 모든 것을 가지고 있다. 바로 예수 그리스도이시다. "다음세대, 교회학교, 예수님 한 분이면 충분하다!" 교회 안에 스물스물 들어 온 인본주의를 쓰레기통에 던지자. 복음이 아닌 다른 것으로 아이들을 불러 모으려고 하다가 정작 주어야 할 예수 생명을 주지 못하여 이 모양 이 꼴이 된 것이 아닌가?

아직 늦지 않았다. 오히려 자녀들의 인성과 바른 교육에 대한 열망이 시대적으로 급급하니 호기가 왔다. "교회에 보냈더니 우리 아이가 달라졌어!"라고 맘카페를 시작으로 이리저리 소문이 나기 시작하면 학부모들이 스스로 아이들을 교회학교로 데리고 오는 사태가 나타날 것이다. 아마 예약제로 어린이들을 교회 문 앞에 길게 길게 줄 세우는 날이 올지도 모른다. 진정 우리가 복음을 회복하여 십자가 부활의 능력으로 교육목회를 한다면 그 어떤 상황에서도 그리스도의 보혈로 세운 교회는 반드시 든든히 세워진다.

> "내가 이 반석 위에 내 교회를 세우리니 음부의 권세가 이기지 못하리라"-마태복음 16:18

II. 6년이면 충분하다

초등학교 6년, 어린이들을 작은 예수로 양육하기에 기간과 시간이 충분하다. 그러기에 대충 하면 안 된다. 촛대가 옮겨진다(계 2:5). 영국과 독일 교회가 무너진 것은 교회학교부터였다. 다음 세대를 방관하다가 교회를 잃게 된 것이다. 대한민국 교회는 과연 어떻게 대처할 것인가? 6년이면 충분한 그 현장으로 가보자. 1년에 52회, 6년이면 312번 어린이가 교회로 와서 예수님을 만나는 것이다. 한 아이를 무려 18,720시간이나 만나는 것이다. 거기에 여름 성경학교 수 시간, 어린이 캠프 수 시간 등등. 군대 간 청년이 고향에 둔 연인에게 매일 편지를 보냈는데 정작 나중에 보니까 결혼은 우체부 총각이랑 했다는 웃지 못할 예화가 있다. 따라서 복음을 기반으로 하는 교회학교 운영을 위해서는 기존의 구태의연한 교회학교 운영의 틀을 개선하고 최소한의 성경적 조명에 따른 〈성경적 교회학교〉가 구축되고 실행되어야 한다.

1. 주일학교와 교회 속의 교회

작금의 교회학교의 운영결과는 참혹하다. 로버트 레이크스의 주일학교 운영이 시대적 변화에 미치지 못한 결과가 드러난 것이다. 학교 기능으로 볼 때 사실 교회학교는 주변 학원과 단순 비교를 하여도 상대가 안된다. 이제는 본질로 돌아가 하나님께서 성경을 통해 원하시는 교회학교 시스템에 집중해야 한다. 그것이 단적으로 복음으로의 승부로 영혼 구원과 제자로서의 성장이다. 확실히 지향점이 다르다. 교회학교가 또 하나의 교육기관으로서의 역할이 아니라 하나님께서 직접 운영하시는, 하나님의 주권이 통치되는 교회학교로 거듭나야 새로운 부흥이 시작된다. 이것을 필자는 머리말에서 교회 속의 교회라 지칭하였다. 근래에 많은 교회가 '꿈땅', '예꿈', '1교회, 2교회' 등등 이미 변화를 꾀하는 교회가 상당수이기도 하다. 2022년부터는 교회학교 개혁의 차원에서 충분히 논의하고 검토하여 '학교'이미지를 벗고 '교회'의 본질을 완전히 감당할 수 있는 그 어떤 이름이라도 만들어 변화를 모색해야 한다.

2. 담임 구성을 다년제로

학교식 운영의 폐해 중 가장 큰 것이 1년직 담임 교사이다. 하지만 성경적 교회학교의 중심은 복음으로 무장된 다년직 교사이다. 1년직 교사는 학교나 학원으로서의 기능을 담당할 때는 가능하나 성경적 교회학교의 운영에서는 불가능하다. 교회학교 교사는 가르치는 일이 우선이 아니라 목양하는 일이 먼저라 그 영혼의 상태를 살피고 목양하는 역할이 더 크기 때문이다. 다년제 구성은 학년제와 무학년제와 상관없다. 동일하게 적용된다.

한국을 대표하는 초교파 어린이영성캠프 〈어캠〉에서 예배하고 기도하는 모습

3. 찬양＋예배＋설교＋반목회＋주중관리

이제 교회학교에서 그리 많은 콘텐츠가 필요하지 않다. 특히 2022년도에는 다음 다섯 가지만 집중하고 내실을 기하자. TV 조선에서 흥행에 성공한 〈미스터 트롯, 미스 트롯〉보다 더 행복한 한수 위의 〈지성소 찬양〉, 하나님께서 받으시는 〈거룩한 예배〉, 아이들 입에서 저절로 아멘이 터지게 하는 〈설교〉, 집보다 더 훈훈하고 더 있고 싶은 〈반목회〉, 언제나 주님과 함께 동행하는 〈주중관리〉에 집중하자. 교육목회자와 부장 교사들은 이 분야에 전문가가 되는 것이다. 교회학교를 또 하나의 교육기관이라는 고정관념을 쓰레기통에 던져라. 그럴수록 회복이 빠르다.

교회학교는 주 성령께서 주신 이 땅에서의 에덴동산 영적 공동체이다. 유치원식 노래와 율동은 이제 아웃이다. 하나님의 임재를 매주 체험하는 찬양이 이제 방방 곡곡 교회학교에서 하나님께 올려져야 한다. 하나님께서 기다리시고 기다린 순간이다 (사43:21). 아이들이 스스로 아멘이 터져나오고 눈물을 훔치는 메시지, 반목회가 중요하고 교회학교는 담임이 최소한 아이를 6년을 만나는 시스템적 변화가 있어야 한다는 것이다. 세부적인 내용은 차례로 소개하겠다.

III. 한 명이면 충분하다

블레셋 장군 골리앗이 여호와를 모욕하며 6개월째 으르렁댈 때, 그를 제압하고 하나님의 이름을 높이는데는 다윗 한 사람, 물맷돌 한 개로 충분하였다(삼상17:49). 코로나19 대유행으로 반기독교 정서가 팽배해지고 또 감염에 대한 우려로 아동부 예배 출석수가 반토막이 났다. 그 엄청났던 총동원전도축제, 말도 많고 탈도 많고 예산도 엄청 쏟아부었던 숫자에 목마른 한국교회에 한 때 유행하던 프로그램이다. 많은 교사들은 축제 다음 주에 다시 원상 복구된 아이들을 보며 망연자실, 황망해 본 적이 한두 번이 아니었다.

이제 그 예산으로 교사들에게 소갈비를 대접하자. 교사들에게 양질의 교사대학, 교사부흥회를 열어 주어 교사의 영적 수준을 높여 주자. 교사 자신이 복음에 목마른데 어떻게 그 품에 파고드는 어린 양들에게 넉넉한 생명의 양식을 먹일 수 있겠는가. 목회자나 부장 교사가 가장 불편해 하는 질문이 무엇인지 아는가? 목회자에게는 "교인 몇 명 모여?", 부장, 교사는 "그 교회는 어린이가 몇 명 모여?", 신앙의 세계는 남에게 보이는 형식의 문제, 외형의 세계가 아니다. 몇 명이 모이느냐가 중요치 않다. 타락한 자본주의의 사설이다. 예수님은 제자가 12명 밖에 없었다. 그 중에 한 명은 배반하고 자살하였고 골고다에서는 요한 외에 모든 제자들이 다 도망가 버렸다. 하지만 그들이 결국 복음을 온 땅에 전하는 주역이 되었다.

500년 전에 종교개혁의 물꼬를 튼 마틴 루터는 그 당시에 이미 이렇게 강조하였다. "멸망 당하거나 구원받는 것은 몇 명이 믿는지가 중요한 것이 아니고 우리가 하나님의 말씀 위에 서 있는지 아닌지에 달려있다. 왜냐하면 하나님과 그의 말씀은 비록 하늘과 땅이 사라질지라도 남기 때문이다. 그런고로 그리스도를 견고하게 붙잡으시라. 그리해야 그대들이 사탄의 화살과 폭풍으로부터 보호받으며 그리스도인으로 남게 되며 구원받을 것이다."

코로나19도 한 명의 감염자로부터 시작하여 세계를 덮었다. 이제 우리 차례이다. 당장 2022년도에 초등학생 단 한 명이라도 있다면 교회학교를 열자 그리고 복음의 증인으로 세우자. 복음으로 가득한 한 사람을 세워 온 세계를 복음으로 덮을 인물을 내자. 주께서 하신다. 노벨상 후보를 교회학교가 내고, 맛있는 빵집 사장을 교회학교가 내자. 말로만 교회다니는 국회의원 말고 정의에 굳게 서는 국회의원을 교회학교가 내자. 사명이 크기에 할 일도 많다. 〈교육목회 엑스폴로22〉 주 성령께서 일으키실 교회학교의 회복과 폭발을 기대한다. 할렐루야!

제 2장
한국 주일학교 부흥 약사

우미리 교수(기감)

독일 뮨스터대학 신학박사(Ph.D) 세부전공(기독교교육 & 교육심리)
협성대학교 기독교교육 초빙교수
분당 분더슐레정신분석심리상담센터 원장
강남 심리치유센터 해내 원장
한국기독교교육정보학회 부회장
기독교교육학회 분과장
기독교대한감리회 하영교회 담임목사
하영기독교교육심리연구소 소장
사단법인 한국음악예술 운영이사
전)사단법인 한국상담전문가연합회 회장
전)수원지방법원 가정법원 이혼상담위원

europa-rose@hanmail.net
010-2402-2972

감리교교회학교 교육강사
유치원 & 어린이집 부모교육 강사
교육지원청 강사
감정코칭 강사

I. 들어가는 말

오늘처럼 인간 그 자체가 문제가 된 적은 없었다. 사회 전반에 비인간화 현상이 심화되어 인간 그 자체가 위협을 받고 있다. 그래서 사람들은 오늘을 '비인간화 시대'니 '무인화 시대'라 지칭한다. 우리에게 주어진 과제는 무엇인가? 그 과제는 '인간화의 실현', '인간의 회복'이다. 그리고 이를 시대적 과업으로 삼아 기독교인들과 신앙공동체들은 사회와 이전보다 더 연대해야 한다. 우리는 이제 우리가 사는 시간과 공간 안에서 진지하게 사람이 무엇인지 묻고 생각해야 한다. 그렇게 자신을 묻고, 삶에 대하여 고민하는 사람에게 필요한 것이 교육이다.

교육학은 인간은 왜 배워야 하는가와 어떻게 하면 옳게 가르치는가를 연구하는 것이다. 교육학의 기본적 질문은 "왜, 누가, 어디서, 누구를,

무엇을, 어떻게, 가르치며, 가르친 결과는 무엇인가?"에 관한 것이다. 이러한 질문에 대한 답을 탐구하며 교육학은 4가지의 가치, 즉, 학문적 가치, 교육의 도덕적 가치, 교육의 효율성 추구, 그리고 교육의 사회정의성을 추구하고 지향한다. 그래서 교육학은 교육의 현실과 이상 사이에 객관적이면서 분석적인 가교를 건설하려는 비판적 활동이다. 특히 기독교 신앙교육은 인간의 전인격성에 기초한 돌봄이라 말할 수 있다.

 기독교 교육의 토대가 되는 성경은 늘 지 · 정 · 의라는 통합적 인격체로 사람을 이해하고 있고 인간의 전인성 회복에 관심을 둔다. 과거 우리 삶의 여러 가치기준들과 판단의 모든 척도와 잣대들은 영향력을 상실하고, 절대적인 것이 상대화되고, 사회가 다양해져 절대적인 가치가 사라지고, 옳고 그르다 믿던 진리들도 그 빛을 잃고 퇴색된다. 사람들의 의식구조가 바뀌고 옛 질서가 무너지고, 새로운 질서들이 우리의 삶을 구성한다. 그러나 그 새로운 질서들 또한 인간의 편리함과 문명의 이기 속에 시시각각 변하기에 현대인들은 불안과 공포의 삶을 산다 해도 지나침이 없다. 변화에 순응하지 못한 사람들은 자기정체성의 혼란을 경험하게 되고, 자아실현을 이루지 못하는 불안한 자아들은 외로움, 소외감과 상실감을 느끼며, 그 공허함을 달래고자 채워지지 않는 욕망과 물질에로의 집착을 추구한다.

 21세기를 흔히 정보화, 세계화, 유전공학의 시대, 구조적인 다원화, 이기주의, 포스트모던 시대 그리고 이제는 제4차산업혁명 시대라고 정의한다. 정치 · 경제 · 문화 삶의 모든 영역에서 상호영향 아래 변화한다. 사실 변화의 물결과 물질의 풍요가 가져다준 우리 사회의 여러 가지 병폐들이, 과연 우리의 미래를 어떻게 또 변화시킬지 예측 할 수 없다.

코로나19 대유행 이후 세상은 급변하고 있다. 그런 세상을 살아가는 교회와 신앙인들은 흐르는 시간에 따라 변화가 불가피하다. 교회가 세상의 비판의 대상이 되자, 신앙인 숫자가 감소하고 있고, 저출산과 더불어 체계가 없는 교회학교에는 아이들이 사라지고 있다. 이러한 시기에 무너진 교회를 다시 세우기 위하여 한국 주일학교 운동의 역사를 돌아봄으로써 그 나아갈 방향을 살펴보고자 한다.

II. 주일학교의 유래

1. 주일학교의 시작

주일학교 운동의 시작은 영국의 언론인이며 자선사업가였던 로버트 레이크스((Robert Raikes, 1736-1811)에 의해 시작되었다. 당시 18세기는 정치적으로 대외전쟁과 금력정치로 사회불안이 만연되어 있고, 종교적 타락으로 도덕적 순수성을 추구하고 근면을 강조하며 극단적인 교리의 완벽함을 추구하는 청교도 운동과 경험주의와 합리주의의 영향으로 사회적 혼돈의 시기를 거치는 때였다. 또한 과학 기술의 변화로 농업과 수공업은 기계공업으로 대체되면서 많은 실업자들이 생겨났고, 그들은 일자리를 찾아 도시로 몰려들었다. 공장이 만들어지고 임금이 싼 부녀자나 아이들을 고용하다보니 방치되는 아동들과 술과 도박 그리고 매춘에 빠진 남성 실업자들이 급증하게 되었다. 그러한 사회

현상을 눈여겨보던 레이크스는 교도소 재소자들의 환경개선과 계몽을 위해 순화교육을 실시하면서, 범죄예방 교육의 필요성을 느꼈다. 또한 1780년 글로스터(Gloucester)의 매러디스(Meredith)부인의 주방에서 일하는 어린이를 대상으로 주일학교(Sunday school)를 열어 의복제공, 용모단정, 폭력예방, 시간엄수, 예의범절 등을 가르쳤다. 당시는 일반학교, 부유층학교, 자선학교 등의 교육제도가 존재하였는데, 주일학교 운동의 목적은 도덕훈련과 경건교육, 비행아동 선도, 근면성 고취였고, 이를 위해 아기 돌봄, 읽기, 쓰기, 셈하기, 예배와 성서연구, 교리를 교과과정으로 다루며, 일반학교 교육방법과 동일한 방식을 채택하였다. 레이크스는 3년간 지속된 주일학교 운동으로 일어난 삶의 변화들을 보고 1783년 11월 3일 자신의 신문에 주일학교운동의 결과를 실었고, 1784년 젠틀맨 잡지사가 이를 크게 보도하자 다른 언론사도 잇달아 게재해 전국에 큰 반향이 일어나며, 영국의 의식 있는 귀족들이 큰 감명을 받아 후원으로 동참하며 주일학교 운동은 사회구제운동, 사회보장제도의 일환으로 전국으로 퍼졌다.

    감리교 창시자 요한 웨슬리(John Wesley, 1703-1791)도 레이크스의 운동을 지원하며 복음주의 운동과 주일학교(Sunday school)운동을 시작하였고, 1785년에는 구세군 창시자 윌리엄 부스를 중심으로 주일학교협회가 초교파적으로 세워졌고, 1803년에는 마침내 주일학교연맹이 설립되었다. 그 결과 주일학교 학생 숫자가 1785년 25만명, 1801년 30만명, 1821년 73만명, 1831년 125만명, 1851년에는 200만명으로 성장했다. 특히 레이크스의 주일학교 운동은 인간 존엄성 회복, 평신도인력 활성화, 학부모의 종교훈련 동기유발, 간접적인 산업사회 역군 양성, 자원봉사자육성, 소외계층과 여아에게 교육기회 제공, 사회문제 해결 등으로 사회에 공헌하였다. 그러나 노동자와 빈민들의 자선에 몰두하다 보니, 전인적인 인간화와 정의로운 사회구현은 등한시 되어, 학습자들의 통전적 인식지평의 확대보다는 무조건적 순응과 근면성만이 강조되어, 학습자들의 자기주도 학습이나 주체성을 확립시키는 의식화 교육은 이루어지지 않았다.

2. 주일학교의 전개

19세기 초 미국에서 공립학교가 세워지면서, 읽기와 쓰기 교육이 이루어지고 있었기에, 미국의 주일학교 운동은 영국의 주일학교와는 달리 성경공부가 주요 교육내용이었다. 미국의 주일학교 운동은 본래는 모자제조업을 했지만, 딸이 다니는 주일학교를 방문하며 회심해, 미국 주일학교 연합회가 파송한 선교사가 되고, '어린이들의 설교자', '어린이들의 사도'라고 불리는 스티븐 팍슨(Stephen Paxson, 1808—1881)이 40년간 말을 타고 미국 전역에 1,300개가 넘는 주일학교를 세워 약 83,000명의 참가자를 만들어 내었다. 방문한 마을마다 주일학교가 장소를 확보하고, 선생님을 모집하고, 주일학교 연합회의 후원금으로 100권 이상 책을 비치한 도서관을 기증하며, 부모들을 설득해 어린이들을 주일학교에 등록하게 하였다. 이후 주일학교 운동으로 어린이들뿐 아니라 부모들이 교회에 출석하면서 복음전파와 교회의 부흥성장이 이루어지는 계기가 되었다.

III. 한국 주일학교

1. 한국 주일학교 전역사

한국 선교를 위한 본격적인 움직임의 계기는 1882년 조미수호통상조약이 체결된 후, 황제 고종의 특명으로 미국을 공식 방문 중이던 11명의 보빙 사절단이 샌프란시스코를 떠나 시카고를 경유하는 워싱톤행 기차를 타고 대륙을 횡단하던 기차 안에서 워싱턴의 유력한 감리교 목사 존 프랭클린 가우쳐(John F. Goucher, 1845~1922) 감독을 만난 것이 계기가 되었다. 당시 볼티모어 시내에 위치한 미국감리교회의 어머니 격인 러브리레인 감리교회의 담임목사였던 가우쳐는 볼티모어여자대학을 만들어 1908년까지 총장으로 교육 사업에 헌신하였는데 전 생애 동안 목회와 교육, 선교에 남다른 헌신을 했던 인물로, 워싱톤을 향하던 보빙 사절단과의 3일간의 기차여행은 그동안 중국, 인도, 일본에 관심을 가지고 선교사역에 열정을 바치던 그에게 미지의 나라 '조선'에 대한 관심이 높아지는 계기가 되었다.

이후 감리교 해외선교부 파울러 감독에게 5,000불의 헌금을 보내 조선 선교의 가능성을 타진했으나 부정적인 응답을 받았음에도 불구하고 일본에 주재하던 감리회 선교사이며 교육자인 로버트 맥클레이(R. S. Maclay, 1824~1907)에게 서신을 보내 조선 선교의 가능성을 알아보도록 부탁하였다. 1884년 6월 맥클레이는 외교부의 주사로 있던 김옥균의 주선으로 고종황제를 알현하고 학교와 병원사역에 대한 윤허를 얻어내었다. 물론 1832년 순조(純祖) 32년에 독일인 최초로 한국을 방문한 개신교 선교사 구출라프(Carl Gutzlaff, 1803~1851)가 전도 목적으로 서해안에 와서 약 40여 일간 한문 성경을 가르쳤던 적도 있었지만, 맥클레이가 자신이 거주하던 일본의 집에서 1885년 3월 5일 미국 장로교 선교사 언더우드(H. G. Underwood, 1859~1916)와 미국 감리회 선교사 아펜젤러(H. G. Apppenzeller, 1858~1902) 그리고 미국 북감리회 소속의 의료선교사 스크랜턴(Mrs. M. F. Scranton, 1856~1922)과 제1회 선교사 회의를 개최하고 선교사업에 대한 여러 가지를 논의하던 중, 당시 일본에 유학 중이며 언더우드에게 한국말을 가르치고 마르코 복음서를 번역한 이수정(李樹庭, 1842~1886)과 문신이자 정치인, 사상가로 급진개혁파인 박영효(朴泳孝, 1861~1939)에게 한국의 사정을 묻고 듣게 되었다. 천주교를 박해하고 쇄국 정책으로 무지와 편견에 갇힌 은자의 나라(hermit nation)라고 불리던 조선은 당시 개혁과 신문물에 대한 갈망과 의지가 있었기에 그들의 만남은 한국복음화의 기초가 되었다.

1885년 4월 5일 일본 나가사끼(長崎) 항구를 떠나 부활절 아침 제물포에 도착한 아펜젤러와 언더우드 부부에 의해 하나님의 선교는 조선 땅에 시작되었다. 아펜젤러 목사가 1885년 배재 학당을 설립하는 것을 시작으로 여러 사립학교가 설립되어, 나라와 민족의 새로운 지도자를 양성하는 길이 열리게 되었다. 황해도 송천(松川)에 세워진 소래 장로교회, 평양의 장대현(章台視) 장로교회, 서울의 정동제일 감리교회, 장로교 새문안 교회 등이 곳곳에 세워지면서 복음의 불씨가 만들어졌다. 초기 선교사들은 선교적인 비전보다 조선인의 정신과 삶을 개혁하고자 하였고, 이를 위해 교육과 의료 그리고 문화 사업에 중점을 두었다. 아펜젤러와 언더우드가 당시 주한 미국 공사였던 푸트(Lucious H. Foote)에게, 교육과 선교의 의미를 하나로 표명하면서, 지금은 선교 사업이 아니라 교육 사업을 먼저 하는 것이 어떻겠느냐고 제의한 것에서도 드러난다. 이런 관점 하에 한국 주일학교는 영국의 주일학교 운동보다는 미국 주일학교 운동처럼 교회 전도사업의 일환으로 교육의 실용적인 측면에서 소개된 것으로 볼 수 있다. 우리나라 최초의 학교인 배재학당의 설립자 아펜젤러 목사는 학교의 건학 정신을, "우리는 통역관을 양성하거나 우리 학교의 일꾼을 기르려는 것이 아니라, 자유의 교육을 받은 사람을 내보내려는 것이다"라고 말한 바 있다. 선교사들이 설립한 기독교 계통의 학교들은 기독교는 교육의 이념을 제공해 주는 근대적 교육 운동의 형태를 띠며, 종교 중심이 아닌, 문화와 교육이 중심이 된 공간이 되었다. 초기 선교사들은 학교를 세우고 이후 교회를 세우며, 학교 교육이 민족의 어두운 현실을 개혁하며 개척하는 민족 지도자를 양성하는데 목표를 두었다.

한국 교회의 성장은 주일학교 운동과 1890년 7명으로 시작된 사경회인 사랑방 교육(one room school)으로 발전하였다. 최초의 주일학교는 1888년 1월 15일 이화학당에서 스크랜튼 부인의 지도 아래 12명의 학생과 3명의 부인이 모여 성경 공부를 한 것으로 시작되었다. 1896년 4월 21일 '독립 신문' 논설에 개화하는 세상 속에서 남성우월주의적인 가부장적인 현실을 개탄하고 여성들의 인권을 위한 교육의 필요성을 역설하면서, 주일학교 시작이 여성들로부터 시작되었다는 점을 시사하였다. 1897년 평양에 5개의 주일학교가 있었고, 1900년에 주일학교가 만들어졌지만, 교사 부족으로 감리교 선교사 노블 부인이 평양 남산재 교회에 양성부를 두어, 1903년에 거기서 배출된 교사들로 좀 더 활발한 주일학교 운동이 전개되었다. 1905년 6월 장로교, 감리교연합회의가 감리교의 벙커 선교사의 집에서 열렸고, 그동안 각 교회에서 개별적으로 시작되었던 주일학교는 1905년 9월 15일에, 선교연합공의회(Federal Council of Mission) 안에 주일학교 위원회가 선교사를 중심으로 조직되며, 기독교교육 운동이 조직화 되었고, 기독교교육을 주로 하는 각 선교회 선교사간의 친목과 동시에 주일학교 교육을 위한 교재를 발간하게 되었다. 1907년 5월 이탈리아 로마에서 열린 제5회 세계주일학교대회에 윤치호(1865~1945) 선생이 참석한 것을 시작으로 국제적인 교류도 시작되었다. 1908년 4월에는 세계주일학교연합회의 브라운(Brown, F. H)과 해밀톤(Hamilton)이 방한해, 한국 주일학교 운동을 위한 본격적인 세계적 교류가 이루어졌다.

1911년에는 브라운이 다시 내한해 프로젝트의 하나로 '세계주일학교 통일공과'를 출판하게 되었다. 선교사 중심의 위원회는 현순(玄循), 한석원(韓錫源), 남궁혁(南宮赫), 홍병선(洪秉斑) 목사들을 선출하여 포함 구성되었다. 위원회에서는 통일공과를 편집하여 '주일학교 공부'라는 이름으로 출간되었다. 1913년 세계주일학교연합회 실행총무인 하인쯔(H. J. Heinz) 내한 당시, 환영 차 경무대 앞마당에서 서울 시내 주일학교 대회를 언더우드 박사의 사회로 열렸는데, 참석자가 14,200명 정도가 모였다고 한다. 1921년에는 서울에서 전국주일학교대회가 한국에서 처음으로 개최되었는데, 이 대회는 대회장 남궁혁 박사와 총무 한석원 목사를 중심으로 서울 YMCA, 태화 여자관, 장로교의 승동 교회, 감리교의 중앙 교회에서 약 20,000명의 회원이 참석하였다. 1922년 최초의 여름성경학교가 평양 선천에서 마포삼열 선교사의 부인이 시작한 이래 급속히 전국에 전파되었지만, 조선주일학교연합회는 장로교가 중심이 되어있었던 관계로 장로교 중심으로 발전되었다. 1922년 11월 성서공회에서 '조선주일학교연합회'가 정식으로 조직되어 4년에 한 번씩 대회를 개최해 1933년까지 계속하다가 1938년 6월 21일에 일본 제국주의자들의 간섭과 탄압으로 해체되었다. 1924년 조선기독교연합회가 탄생하여 한국 에큐메니칼 운동과 한국그리스도의 교회(the church of christ in Korea)로의 연합운동 단체가 출범하였다. 1925년 서울, 1929년 평양, 1934년 대구 등에서 각기 주일학교 대회를 열었다. 1928년 감리교는 조선 주일학교 연합회의 제7회 총회를 맞이하며 지금의 감리교 총리원 교육국의 시작이 된 '감리회종교교육협회'가 래시(John Lacy)선교사와 변성옥(邊成玉) 목사의 지도아래 설립되었다. 1933년 연합회 제12회 총회를 맞이하며 장로교도 역시 독자적인 종교교육부로 발전하여 이후 주일학교운동은 교파적으로 발전하였다.

    1936년 1월 10일 감리회보에 감리교는 주일 학교는 교회의 기초로, 교회마다 주일학교를 세우고, 교인마다 학생이 되어야 한다는 것을 주일학교의 3대 표어를 채택하면서, 그 내용을 실었다. 1933년 8월 26일 교육국은 주일학교 진흥주일로 9월 셋째 주일을 지킬 것을 결정 통고하면서 직원 위임식과 함께 진흥주일 준수와 졸업식을 아울러 강조하며, 지도력 양성과 교사 예비교육 과정에서 교사 계속 과정으로서 이해될 수 있는 적극적인 교육 프로그램들을 제시하였다. 그러나 30년대 이후 일제의 극심한 탄압이 시작되고 민족의 독립운동이 활발해지면서,

주일학교연합회는 해산되고 주일학교운동도 시들해지면서, 주일학교 운동이 민족과 사회적 현장성을 상실한 전도용 프로그램으로 이용되었다. 1911년부터 선교사들이 주도하던 주일학교운동은 1940년 발발된 태평양 전쟁으로 그들이 고국으로 귀국하자 더욱 침체되었다. 1945년 해방 이후 주일학교운동의 활성화가 다시 시도되었으나, 각 교파간의 불화, 신사참배의 신앙적 대립, 교회 자체의 주일학교교육 이해 부족 등이 초래되었다. 1948년 조선주일학교연합회가 한국기독교 교육협회로 그 이름을 바꾸고, 주일학교를 교회학교라 칭하며 '기독교교육'이라는 용어가 생겨났다. 하지만 1950년 한국전쟁이 시작되고, 이후 한국교회의 신앙은 현실보다는 내세적이고 기복중심적이며, 공동체중심이 아닌 개교회적인 모습으로 바뀌어 갔다.

2. 한국 기독교 교육

1884년 개신교가 한국에 전래된 이래 도전과 응전의 '전학문 여명기'(1884~1919)를 거치면서, 삼일운동 이후 겨레와 교회의 자유를 위한 주일학교와 문화운동의 '대결기'(1920~1945)로 그리고 해방이후 세속과 대면한 혼돈과 분열의 '타협기'(1946~1969)를 보내며, 주체적 기독교교육의 '자기 정체성 형성 및 발전기'(1970~2003)를 거치면서 한국 기독교교육사가 이루어졌다. 서구문화를 매개체로 계몽에 이바지하고, 사회참여를 통한 제도와 삶을 개혁했으나, 성인교육과 새신자 교리교육 그리고 교세확장과 기독교 진리전수를 위한 전도에 치중한 교회교육이 이루어지면서 교회는 주일학교운동의 본질을 간과하였고 기독교교육의 의미를 찾지 못했다. 학자들은 한국 교회에 있어서의 교회학교와 기독교교육의 새로운 신학적 접근은 한국기독교교육의 사상정립의 개화기인 1960년 이후라 주장하는데, 주일학교가 단지 선데이스쿨을 벗어나 체계적이고 지속적인 교육의 장인 교회학교로서 기독교교육의 보다 현실적이고 미래 지향적인 가능성을 보았지만, 이를 뒷받침할 역량(교사, 시간, 열정, 신앙심 등..)들이 사라져 버렸다. 이제는 평신도 중심의 교회학교 교육에 대한 교회의 관심이 신앙공동체로 전환되어 하나님나라를 어떻게 만들어갈 것인지를 모색해야 할 때이다. 일찍이 영국에서 만들어지고 미국에서 발전되어 선교사들을 통해 전달된 주일학교운동은 1980년대까지 부흥성장하며 한국교회 부흥의 초석이 되었으나, 80년 이후 성장을 멈추고 21세기를 접어들며 점차 하락세를 보였다. 한국사회가 급진적인 변화를 일으키며 포스트모더니즘과 이기주의가 팽배하고, 물질화와 개인화로 비인간화를 통한 온갖 병리적 현상들이 가득한 세상에 우리는 신앙적 전통을 지키면서도 이제 우리의 삶의 상황에 맞게 재해석되고 재창조되어야 한다.

3. 한국 교육목회와 신앙공동체

기독교 교육은 이미와 아직 사이의 하나님 나라를 지금 이 땅에 구현하기 위해 인간을 하나님의 피조물로 교육의 가능성을 인정하며 하나님의 형상을 회복시키는 전 과정을 의미한다. 모든 교육은 하나의 배경 안에서 생겨나며 명백하거나 암시적인 전제에 기초를 두며 개념 사실 정보의 전달을 교육의 목적 가운데 하나로 포함한다. 기독교 교육은 유기적이면서도 비조직적인 과정으로서 교육의 내용과 인격적 반응으로서의 신앙의 전달을 시도한다. 그래서 교육은 단순히 지식과 정보를 전달하는 것이 아니라 삶의 변화를 이끌어 낼 수 있는 양육의 과정으로 실제적이고 실천적인 것이어야 한다. 교육이란 인간행동의 계획적 변화로, 생성, 성장, 형성의 의미를 포함한다. 교육의 중요한 기반 역시 인간이고, 교육의 주체도 인간이다. 교육은 인간의 삶 전체와 관련되어 있으며 인간의 행동을 대상으로 이루어진다. 따라서 인간의 행동변화는 곧 인간의 삶의 변화를 의미하는 것이다. 이를 위해 심리, 문화, 예술, 복지, 상담, 사회, 정치, 경제 등 여러 분야에 걸친 학문과의 대화와 연결이 필요하고, 이를 연구 발전시켜 신학이 교회에서 가르쳐야할 그 내용을 보다 체계적 과정으로 사람들에게 전달하는 모든 과정을 교육이라 정의할 수 있다.

신앙은 교육의 결과이나 신앙은 혼자 터득하여 얻어지는 것이 아니라 공동체 안의 사회화의 과정을 통하여 얻어진다. 신앙은 누구나 할 수 있는 교수법에 의해 가르쳐지는 것이 아니라 신앙공동체의 양육과정을 통해 발달된다. 신앙의 전달과 양육은 내용과 방법 이전에 교회의 정체성의 문제라고 해석한다. 교육은 전통을 전승하는 작업에도 충실하지만, 그 문화에 대한 개혁의 의지와 노력을 해야 한다. 이것을 전통의 재창조 과정이라고 한다. 또한 신학은 하나님의 백성이 하는 성찰 행위다. 신학은 사회와 문화 속에서 그리스도인의 삶의 방식과 제 문제를 관련시켜 생각하게 된다. 한 사람이 양육되고 변화하는 일은 그 시대의 문화와 깊이 관련된다. 특히 기독교적 문화교육이 이루어지기 위해서 신앙과 삶이 나누어지는 터, 가정·사회·교회 모두가 신앙공동체가 되어야 한다. 존 웨스트호프는 신앙 양육을 위해 교육목회를 종교사회화로 이해하는데, 종교사회화는 신앙과 삶의 스타일의 유지, 전수를 위해 전 생애에 걸쳐 이루어지는 공식적 비공식적 공동체 생활의 참여를 의미한다. 기독교교육의 필요성은 자라나는 세대들이 신앙공동체 안에서 기독교 신앙의 의미와 삶의 스타일을 배우고 경험할 수 있도록 교육목회로 전환되어 궁극적으로 신앙공동체 교육이 이루어져야 한다.

IV. 나아가는 말

현재의 우리나라 교육은 마치 규격화되고 정형화된, 사회가 요구하는 인력을 제공하기 위한 교육에 지나지 않는다. 비단 공교육뿐만이 아니다. 가정교육과 교회교육도 시대의 변화 속에 발맞추어 가고 있다는 느낌이 드는 건 왜일까? 오늘도 사람들은 묻는다. 나는 누구인가? 왜 살아야 하는가? 존재의 이유에 대한, 삶의 의미에 대한 수많은 질문들을 던지며 존재의 고뇌를 동반하며 살아가는 이들을 위해 그리스도가 보여 주신 사람과 함께 하는 삶이 필요하다.

시대의 변화에 가장 큰 변화는 '가치관의 변화'이다. 변화된 사회에 교회도 '인식의 전환'(paradigm shift)이 필요하다. 코로나와 함께하는 요즈음 그 어느 때보다 기독교는 사회로부터 더 많은 비판을 받고 있다. 그래서인지 밖으로는 교회의 변화를 요구하고 꾀하는 움직임과 안으로는 이에 대한 자성의 목소리가 높다. 교회는 나름 다양한 시도들을 통해 변화를 겪고 있지만, 여전히 시대의 변화를 두려워한다. 교회의 변화를 둘러싸고 기독교인들은 크게 두 부류로 나뉜다. 전자는 변화를 위험한 것으로 여기고 과거에 집착해 변화를 두려워하는 이들이다. 자신들이 가진 생각과 신앙, 생활양식을 고수하며 전통의 절대적 보존을 주장한다. 후자는 교리적인 부분 외에 모든 것이 달라져야 하고 세상의 변화에 발맞추자는 이들이다. 미래를 위해 우리와 교회는 시대를 잘 파악하고, 무너진 도덕과 윤리를 바로 세우며, 예수 그리스도의 삶을 섬김과 봉사로 낮아짐과 나눔 속에 실천해야 한다. 물론 교회는 함께 사는 세상을 위해 좀 더 고차원적인 소망을 가져야 한다. 20세기적 사고의 집착과 고정관념에서 벗어나 인간중심주의, 개인중심주의, 소유중심주의를 극복하고 생명중심주의, 우주중심주의, 존재중심주의로 패러다임의 전환이 필요하다. 희망을 현실화시키기 위해서 수없이 많은 장애와 문제, 위험들을 극복해야 한다.

하나님의 나라가 그리고 하나님의 선하신 계획이 이 땅위에 이루어지기 위해 우리는 그리고 우리의 교회는 하나님 나라의 실현을 위하여 고난 받는 모든 사람들과 연대하여, 현재의 상황들을 변혁하려 노력해야 하고, 하나님의 말씀으로 양육하며 성숙에로 이끌어야 한다. 미래를 준비하는 기독교 교육은 교회와 그리스도인을 먼저 변화시켜, 세상의 잘못된 변화를 개선하고, 기독교문화를 정착시켜 하나님 나라를 건설하는데 최선을 다해야 한다. 이를 위해 무엇보다도 주일학교 운동의 정신을 기억하고 다시 하나님의 사람을 교육하는 일을 회복해야 한다. 시대가 요구하는 필요를 찾아 사람과 삶을 개혁하고 인간을 구속하시는 것뿐 아니라 문화 속에서 사는 인간 생활을 계속적으로 성화시키고 변혁시키시는 문화의 변혁적인 그리스도를 따라 하나님나라를 만들어가야 한다.

참고문헌

김국환, 신앙발달과 기독교교육, 한국기독교교육학회, 2006.

임영택, 교육목회세우기, kmc, 2006.

오인탁, 기독교교육학 개론, 한국기독교교육학회, 2004.

오성주, 교육신학적 인간이해, 대한기독교서회, 2013.

은준관, 기독교교육 현장론, 한들출판사, 2007.

웨슬리 윌리스, 주일학교 200년사, 유화자 역, 서울: 생명의 말씀사, 1981.

조지 알버트 코우, 종교교육사회론, 김도일 역, 그루터기하우스, 2006.

한상진, 기독교 인간교육, 그리심, 2006.

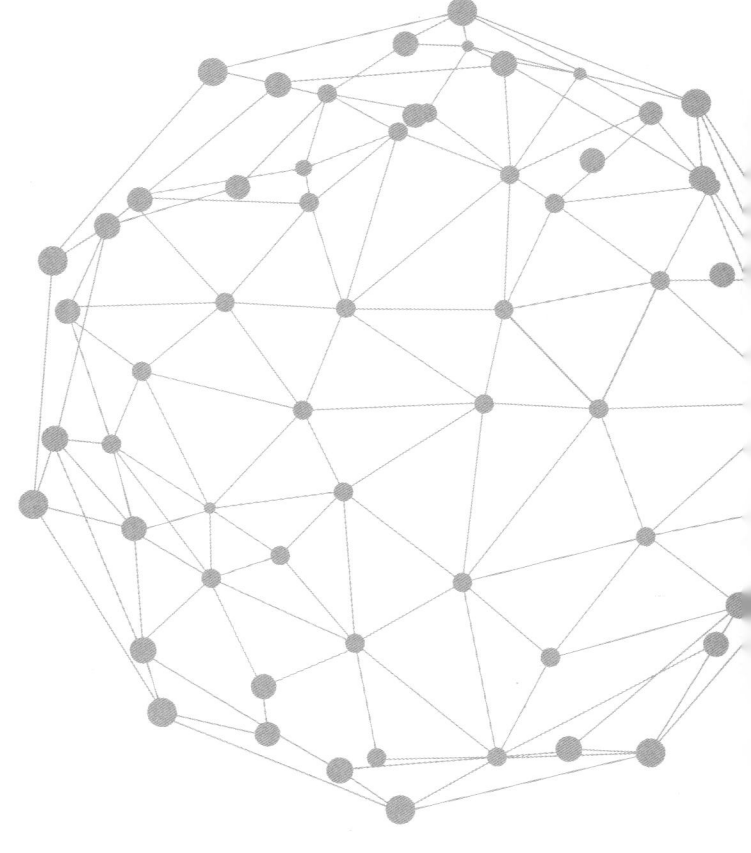

제 3 장
무디의 부흥 운동과 어린이선교회

최현민 목사(기성)

〉학력
Batangas state University 철학(B.A)
연세대학교 대학원 교육학 석사(Ed.M)
서울신학대학교 대학원 신학석사(M.Div.equ. M.A. Th.M)
서울신학대학교 대학원 신학박사(Th.D.)

〉소속 및 사역
미래세대성장연구소 소장
어린이사역자학교 대표
한국어린이부흥사협회 대표회장
서울신학대학교 신학대학원 외래교수(부흥과 선교)
사랑의 빛 교회 담임목사

〉연락처
ryounmin@hanmail.net
010-9760-9090

〉강의 및 주요콘텐츠
-교육행정 코칭 및 교회교육 컨설팅(교사교육, 지역분석, 교육지도자 코칭)
-비전특강, 선교특강, 자녀교육세미나, 미래세대 희망세미나
-미래세대 부흥회(어린이, 청소년, 청년) -모든세대 부흥회(장년, 가족)

유소아기인 4세에서 14세를 다음세대라고 하며, 11세에서 18세는 청소년기라고 한다. 19세에서 34세이하를 청년이라고 칭할 수 있을 것이다. 인류학자들에 의하면 한 문화가 존재하기 위하여 최소한의 조건이 출생률 2.1 명이 유지되는 것이라고 말한다. 또한 한 국가가 정체성을 유지하려면 출생률 2.1명을 20년 동안 유지하여야 가능하다고 한다. 다시 말하자면 출생률 2.1명이 20년 동안 유지되지 못한다면 그 나라의 국가 정체성을 잃어버린다고 한다. 따라서 다음세대의 인구감소로 인한 위기는 곧 국가 정체성의 위기가 되는 것이다.

신명기 31장 14~15절 이하 말씀에 하나님은 모세의 최후를 앞두고 그와 여호수아를 동시에 회막으로 부르셨다. 구름 기둥 가운데에서 장막에 나타나셔서 말씀하신다. 하나님을 경외하는 앞선 세대가 미래세대를 이끄는 것이 성경적 신앙이다. 교회 안에 존경할만한 어른, 경건한 어른들이 필요하다. 이것은 세상의 기준을 따라 훌륭한 것을 뜻하지 않는다. 말씀을 사랑하고 하나님을 경외하는 믿음의 선배, 말씀에 붙들려 세상을 거스르며 살아가는 어른이 필요한 것이다. 하나님은 모세에게 장차 백성이 우상을 섬기고 하나님을 버릴 것이라고 말씀하셨다(16절). 말씀을 읽고 듣고 가르치고 배우고 순종하라는 명령 뒤에 주시는 말씀이 너무나 충격적이다. 그런데 그 충격적인 말씀이 실재가 되는 것을 보게 된다. 결국에 여호수아의 '다음세대'가 하나님을 알지 못하는 '다른 세대'가 되고 말았다(삿2:10). 하나님은 배역한 이스라엘에게 얼굴을 숨기시겠다고 하신다. 그러면 하나님이 계시지 않음을 그들이 깨닫게 될 것이다(17~18절).

　신약성경에 세례요한은 "회개하라 천국이 가까이 왔느니라 하였으니"(마3:2)라고 천국을 전파했다. 예수께서 시험을 받으시고(마4:1~11; 막1:12~13; 눅4:1~13), 비로소 천국을 전파하셨다. "회개하라 천국이 가까이 왔느니라 하시더라"(마4:17) 천국이 가까이 왔다는 말씀의 선포는 지금도 계속되는 것이다. 따라서 마지막 때에 더욱 경각심을 가지게 한다. 다음세대의 부흥은 우리의 과제이며 반드시 이루어야 한다. 역사 가운데 다양한 부흥의 샘플들이 있겠지만 무디(Dwight Lyman Moody, 1837~1899)로부터 일어난 부흥 운동을 지칭하는 미국의 제3차 대각성 부흥운동(1857~1900년)의 배경과 사역, 부흥 운동의 역할과 무디의 삶과 영향을 중심으로 다음세대 부흥의 대안을 찾아보려고 한다.

I. 부흥 운동의 배경과 사역

　1840년부터 1857년까지 미국의 기독교는 쇠퇴의 길로 접어들고 있었다. 이유를 세 가지로 정리할 수 있다. 첫 번째 이유는 종교적 집단 혹은 지도자에 대한 환멸을 느끼고 있었기 때문이었다. 윌리엄 밀러(William Miller)는 예수 그리스도가 1843년 3월 21일과 1844년 3월 21일 사이에 재림하신다고 주장을 했으나 예수의 재림이 일어나지 않자, 날짜를 1844년 10월 22일로 정정했다. 그러나 이 예언도 맞지 않자 사람들은 종교와 종교지도자들에 대한 환멸을 느끼게 되었다. 밀러를 따르는 집단을 밀러주의자들(Millerites)이라고 부르는데, 문제는 이 집단에 대해서만 아니고, 일반 기독교 전체에 대해서 사람들은 부정적인 시각을 갖고 교회를 조롱했다.

　두 번째 이유는 1857년 10월 경제적인 어려움이 닥쳤다. 금융위기가 나라 전체를 혼란에 빠뜨렸다. 세 번째 이유는 정치적으로 옛날부터 계속되어왔던 노예제도에 대한 찬반의 문제로 국가가 갈등을 겪고 있었다. 결국 1861년에 남북전쟁으로 치닫게 되지만, 전쟁이 발발하기 전에도 남쪽과 북쪽이 서로에게 증오심과 적개심으로 국가 전체가 위기의 상황이었다. 이러한 종교, 경제, 정치적으로 모든 것이 불안한 가운데 사람들은 뭔가 새로운 질서와 희망을 기대하고 있었다. 제3차 대각성운동은 1857년 장로교와 침례교 그리고 감리교가 기도를 강조하면서, 부흥의 필요성을 역설하고 각성의 갈망을 가지면서 그 태동의 조짐은 시작되었다고 볼 수 있다. 1857년에 네덜란드 개혁교회(Dutch Reformed Church)에 속해있는 평신도인 제레마이어 랜피어(Jeremiah

C. Lanphier)는 뉴욕 시내의 풀턴(Fulton)과 윌리엄스(Williams) 거리에 위치한, 세워진지 88년 된 '네덜란드 북 개혁교회'(Old Dutch North Church)에 다니고 있었다. 그런데 이 교회는 많은 교인들이 다른 곳으로 이주하면서 교세가 많이 줄어있는 상황이었다. 주변의 많은 사람이 교회의 문을 닫는 것이 낫겠다고 말하는 상황이었다. 교회의 중직들은 이러한 어려움을 극복하려고 평신도 제레마이어 랜피어를 방문 전도 및 심방 담당자로 뽑고 교회의 부흥을 기대했다. 그런데 제레마이어 랜피어는 전도하는 것 보다, 차라리 먼저 기도회를 시작하는 것이 나을 것 같다고 생각했다. 그래서 매주 한 번, 낮 12시에 정오 기도회를 열었다. 6명의 적은 숫자로 시작된 이 기도회가 약 6개월이 지난 후에는 무려 1만여 명이 모이는 기도회로 발전하게 될 줄은 아무도 예상하지 못했다. 앞으로 이러한 영적인 불길이 서서히 뉴잉글랜드 쪽에서 타오르게 되었다. 이것이 바로 오늘날 사람들이 '풀턴 거리 기도회'라고 부르는 것이다.

1858년 1월에는 적어도 20군데 이상의 다른 지역에서 이와 같은 기도회가 열리게 되었고, 각 신문사들 마다 기자를 보내어 기도회를 취재하고 기사를 내보냈는데, 어떤 신문의 기사에는 '부흥회의 진전'(The Progress of the Revival)이라는 제목을 붙었다. 이 기도회를 시작한 지 4개월 만에 15,000여명의 사람들이 텐트 속에서 기도를 했다. 3월 17일, 뉴욕의 챔버스 거리에 있는 버튼 극장(Burton's Theater)이 낮 기도회를 위해 문을 열었다. 기도회가 시작되기 30분 전부터 이 극장은 사람들로 인산인해를 이루었다. 1858년 초에는 부흥의 불길이 아팔레치아 산맥이 있는 지역에 옮겨 붙었고 계속해서 서쪽으로 이동하였다. 거의 모든 대도시들이 영적각성에 무너졌다. 클리브랜드, 신시내티, 디트로이트, 인디아나폴리스, 미네아폴리스, 시카고, 세인트루이스, 오마하, 그리고 태평양 연안 지역도 뜨거운 각성의 기도의 불길 앞에 넘어졌다. 미국에서의 이러한 영적 상황과 비슷하게 캐나다에서도 서서히 영적 각성 운동이 그 싹을 틔우고 있었다. 그 주인공은 미국의 뉴욕에서 피비 워렐(Phoebe Warrall)이란 여성 신도 피비 팔머(Phoebe Palmer)였다. 그녀의 아버지는 경건한 감리교 신자인 헨리 워렐이었다. 그녀는 1827년에 의사인 남편 월터 팔머(Walter Clarke Palmer)와 19세 때 결혼을 했다. 그녀의 남편 역시 감리교 신자였다. 피비 팔머는 감리교 신자였으며 특별히 신학을 공부한 적 없는 평범한 평신도였다. 그런데 그녀는 특별히 존 웨슬리의 '완전 성화'에 큰 관심을 가지게 되었다. 피비가 강조한 초대교회에 있어서 오순절과 성령세례는 나중에 오순절 교회와 카리스마 운동이 태동하게 되는 씨앗이 되었다.

1857년 6월부터 10월까지 그녀는 남편과 함께 캐나다의 온타리오와 퀘백 지역에서 약 5천 명 이상의 사람들이 참석한 천막집회를 인도하게 되었고, 그 집회는 매우 성공적이었다. 이들 부부의 성공적인 집회에 대한 소식을 들은 해밀턴 지역의 감리교 목사 사무엘 라이스(Samuel Rice)가 피비와 그녀의 남편을 맥나브 감리교회(McNab Street Wesleyan Methodist Church)에 초청하여 설교를 하게 했다. 그런데 여기서 놀라운 성령의 역사가 일어나게 되었다. 이 집회에 참석한 거의 모든 사람들이 그녀의 설교에 큰 감동을 받아서 다음날 다시 한번 설교를 해줄 것을 요청했다. 그리하여 21명의 불신자들이 그리스도를 영접하게 되었다. 피비는 계속해서 몇 주간 더 집회를 인도하게 되었고, 총

600명에 이르는 사람들이 예수를 믿게 되었다. 이것이 바로 '1857년 해밀턴 부흥'(1857 Hamilton Revival)의 시작이었다. 캐나다 해밀턴에서의 이 집회가 어찌 보면 제3차 대각성 운동의 신호탄을 알리는 모임이었다. 피비는 평신도 부흥사로서 미국과 캐나다 등지에서 300회 이상 부흥회를 인도했고 천막집회를 이끌어 갔다. 그리하여 결과적으로 그녀와 그녀의 남편이 이끌어 간 1858년의 이 부흥집회들로 인해서 약 2백만 명 이상의 영혼들이 교회로 오게 되었다. 여성이자 평신도였던 피비 팔머 주도의 제3차 대각성 운동의 참된 의미는 이 각성 운동이 목회자에 의한 것이 아닌 평신도에 의한 목회의 가능성, 혹은 평신도에 의한 부흥의 가능성과 의미를 가르쳐주었다는 점이다. 과거 제1~2차 대각성 운동의 시기에는 그 주역들이 거의 전부가 전문적으로 신학적 훈련을 받은 목회자 내지는 신학자들이었다. 그렇지만 피비 팔머가 강조한 평신도 목회는 또한 찰스 피니의 목회자들 중심의 부흥 운동 그리고 소도시 중심의 부흥 운동을 평신도 중심의 부흥 운동 그리고 대도시 중심의 부흥 운동으로 바꾸어 놓았으며 결국 평신도였고 대도시 중심의 부흥 집회를 가졌던 드와이트 무디(Dwight L. Moody)의 탄생을 가능케 했다.

II. 무디 Dwight Lyman Moody, 1837~1899의 삶과 영향

무디는 1837년 2월 5일에 메사추세츠주의 노스필드(Northfield)에서 에드윈 무디(Edwin Moody)와 벳시 홀튼(Betsy Holton) 사이의 여섯 번째 자녀이자 아들로서는 다섯째로 태어났다. 무디의 아버지는 무디가 네 살 되었을 때 세상을 떠났다. 경제적으로 어려웠던 가족들은, 주변의 유니테리언 교회(Unitarian Church)의 도움을 받아 그럭저럭 생계를 유지할 수 있었다. 무디는 다섯 살 때 유니테리언 교회에서 세례를 받았다. 무디가 자라난 고향 노스필드(Northfield)는 도시와 농촌의 요소가 다 같이 섞여 있는 평화로운 마을이었다. 무디는 큰 도시인 보스턴으로 가서 사업가로서 성공하고픈 커다란 꿈을 갖고 있었지만, 일평생 언제나 평화로운 이 노스필드를 잊지 못했다.

1854년 초에 무디는 그의 야망을 좇아서 보스턴으로 갈 기회를 얻게 되었다. 그의 야망이란 10만 불의 돈을 모으는 것이었다. 그러나 취직이 그렇게 생각보다 쉽지 않았다. 무디는 그의 편지와 후대에 쓴 그의 편지들 속에서 그 당시 보스턴에서의 생활이 참으로 외롭고 힘든 것이었다고 고백했다. 그런데 그 당시 보스턴에는 YMCA가 세워져 있어서, 도시 속에서 방황하는 무디와 같은 외로운 청년들을 돕고자 다방면으로 애를 쓰고 있었다. 무디는 1854년 중엽에 결국 보스턴 YMCA에 가입하여 회원이 되었고 열심을 내어 이 단체에서 활약하였다. 이러한 YMCA에의 가입이 종교적이거나 신앙적인 동기에서라기보다는, 사회적이고 경제적인 것이라고 보는 것이 더 합당할 것이다. 보스턴에서의 구직(求職) 작업은 그렇게 순조롭게 진행되지 않았다. 그래서 어쩔 수 없이 무디는 외삼촌에게 가서 일자리를 청할 수밖에 없었다. 그의 외삼촌 사무엘 홀튼(Samuel Holton)은 그 당시 보스턴에서 구두 소매점을 운영하고 있었는데, 삼촌은 무디에게 그의 가게에서 일할 수 있도록 일

자리를 주었다. 그러나 일을 할 수 있도록 허락을 하면서 이에 대해 한 가지 조건을 달았는데, 그것은 바로 무디가 반드시 교회에 나가야 한다는 것이었다. 그 교회가 바로 '마운트 버논 회중교회'(Mount Vernon Congregational Church)였다. 무디는 이 교회에 열심히 출석했다. 무디가 18살이던 1855년 5월에, 교회의 정회원이 되고자 회원권 획득 시험을 보게 되었다. 그러나 이 시험에서 무디는 회원이 되기 위해서 반드시 필요한 기본적인 기독교 교리를 충분히 숙지하지 못하고 있는 것으로 판명이 났고, 결국 아쉽게도 교회 회원권 획득에 성공하지 못했다. 무디는 처음에는 신앙에 대해 그리 열정적이지 않았다. 설교 강단으로부터 가능하면 멀리 떨어져서 앉으려고 했고, 예배 때마다 습관적으로 꾸벅꾸벅 조는 습관을 갖고 있었던 듯하다. 그러나 차츰 시간이 지나면서 무디는 달라졌다. 주일학교 교사인 에드워드 킴볼(Edward Kimball)은 어느 날 무디가 일하고 있는 삼촌의 구두 가게로 찾아와 고되게 하루하루를 일하고 있는 무디에게 따뜻한 마음으로 그리스도의 사랑을 전했다. 그러자 무디는 즉시 이에 응답하여 예수 그리스도를 자기의 주님으로 영접하였다. 그 이후 무디의 생애는 완전히 변화되었다. 모든 것이 변했다. 이때가 무디가 첫 번째 회심을 경험한 때였다.

　무디는 결국 일 년 후쯤 지난 1856년 5월 3일에 이 교회의 정식 회원 명부에 서명을 함으로 교회의 정식 회원이 되었다. 1856년 초가을 무렵에, 무디는 세속적 성공에 대한 푸른 꿈을 간직한 채 보스턴을 떠나서 시카고로 왔다. 보스턴으로 이주한 뒤, 2년 만의 일이었다. 무디는 비즈니스와 관련해서 보스턴에서 그리 행복하다고 느끼지 못했다. 그 이유는 그의 사업가로서의 장래가 불투명했기 때문이었다. 그래서 여느 다른 미국의 시골 출신 젊은이들이 그랬던 것처럼, 당시에 급속도로 발전하고 있는 큰 도시였던 시카고로 옮겨가게 되었다. 보스턴에 이어서 이곳 시카고에서도 사업적 성공을 바라는 마음으로 열심히 노력했다. 1859년 초엽에 들어서서 무디는 시카고의 '노스 사이드 시장'(North Side Market) 근처에 있는 초라하고 더 이상 사용되지 않고 폐허처럼 버려져 있는 술집에서 주일학교를 시작했다. 이러한 주일학교를 시작하면서 무디는 그 어느 특정한 교회나 사회단체로부터 아무런 지원을 받지 않고 시작했다. 무디의 이러한 열심에 힘입어 주일학교는 성장하였고, 1859년 말경에는 조직적이고 체계적이며 완전히 자리를 잡은 확고한 조직공동체로 서게 되었다. 1860년에 들어서면서 무디는 드디어 본격적인 복음 전도자의 길로 들어섰다. 1860년에는 무디가 시카고의 '뷰엘, 힐 앤 그랜저'(Buel, Hill & Granger)에서 일하고 있었는데, 이때 이미 7천 불의 돈을 저축해놓고 있었다. 무디의 원래의 성공에 대한 목표치인 10만 불에 거의 근접해가는 많은 액수였다. 이렇게 일을 하는 한편, 동시에 무디는 시카고에서 주일학교를 운영하고 있었다.

1860년 6월의 어느 날, 주일학교에서 여자 어린이반의 담당 교사로서 섬기고 있는 어느 여자 선생님이 무디를 찾아왔다. 그녀는 의사로부터 자신의 폐에 출혈이 있어서 앞으로 그리 오래 살 수는 없을 것이라는 진단을 받았다고 했다. 그러면서 그 여자 선생님은 자신이 죽기 전에, 자신이 담당하고 있는 반 아이들 10명 모두를 한 명씩 한 명씩 직접 그 아이들의 집으로 방문하면서, 그 아이들이 진정으로 예수님을 영접하게 만들고 싶다고 말을 하였다. 그래서 무디는 그녀와 함께 가정별로 아이들을 방문하면서 그 아이들 모두가 예수 그리스도를 영접케 했다. 이 경험은 무디로 하여금 다시 한번 삶의 목표를 재정비하게 하는 계기가 되었다. 결국 무디는 자신이 하고 있던 비즈니스를 접고, 오로지 주님의 사역에만 전념하기로 결심하게 되었다. 무디의 헌신적인 노력과 믿음으로 주일학교는 계속 성장하게 되었고, 아이들의 부모들까지 주일학교에 참여하는 자신들의 아이들을 따라서 예배에 참석하게 되자, 어른들을 위한 예배당과 새로운 교회의 설립이 논의되었다. 드디어 1864년 12월 30일에 가서는 '일리노이 거리 교회'(Illinois Street Church)가 설립되었다. 이 교회는 계속해서 새로운 사업을 벌였다. 교회의 본당은 약 1500명 정도를 수용할 수 있는 시설을 갖추고 있었다. 1865년 말 현재, 평균적으로 주일학교에 출석하는 어린이들이 750명에 달했는데, 이것은 이 주일학교가 시카고 전체에서 두 번째로 큰 주일학교라는 것을 의미했다.

1861년에는 미국에 남북전쟁이 발발했다. 그동안에 기독교 위원회와 함께 일했다. 무디는 이 기독교 위원회에 속한 회원으로서 최전방에까지 가서 아홉 차례나 복음 전도 집회를 가졌다. 때로는 '시카고 시민 위원회'의 요청에 의해서 전투 중에 부상을 당한 병사들을 돕기도 하였다. 그럼으로써 무디의 시야는 시카고를 넘어서 더 넓은 곳으로까지 확장되었다고 볼 수 있다. 무디는 1879년 11월에는 자신이 떠나온 고향인 노스필드에, '메사추세츠 노스필드 여학교'(Northfield Seminary for Young Ladies, Northfield School for Girls)를 세웠다. 이어서 1881년 5월에는 역시 같은 메사추세츠에 '마운트 헤르몬 남학교'(Mount Hermon School for Boys)를 세웠다. 무디는 기독교 이념으로 무장된 학교를 세우고 싶었다. 또 가난한 청소년들에게 저렴한 학비로 양질의 교육을 제공하는 학교를 세우고 싶었던 것이 무디의 마음이었다. 노스필드 학교들의 근본적인 설립목적은 학생들을 균형 잡힌 그리스도인의 인격으로 발전시킬 수 있는 예비적인 교육을 제공하는 데 있었다. 1886년, 무디는 대학생들에게 자신들의 삶을 주님께 바쳐서 선교사로 헌신할 것을 간곡히 권면하였다. 이러한 간절한 호소가 있은 후, 미국 역사상 전무후무한 돌풍인 '학생자원운동'(Student Volunteer Movement)이 일어나게 되었다. 이 학생자원운동(SVM)은 한국 기독교 개신교 선교의 시작과 발전에도 많은 영향을 주었다. 한국에 1885년 4월 입국한 첫 목회자 선교사인 언더우드(Horace G. Underwood), 아펜젤러(Henry Appenzeller) 그리고 이들을 이어 내한한 사무엘 마펫(Samuel Moffett)과 그래함 리(Graham Lee) 등 대다수의 초기 내한 선교사들은 학생자원운동(SVM)의 직·간접적인 영향을 받아서 한국선교를 자원하여 오게 되었다.

1889년 10월에는 시카고에 시카고 성서대학교(Chicago Bible Institute)를 설립했다. 무디는 1899년 12월 22일에 노스필드 자택에서 하나님의 부르심을 받았다. 무디의 부흥 운동은 세계 근대 선교를 앞당겼다. 무디의 영향을 받은 수 많은 젊은이들이 복음에 불타 오대양 육대주로 달려갔다. 그중에 아시아는 선망의 선교지였고, 조선은 가장 선호하는 나라였다. 돌이켜볼 때 무디 부흥 운동의 가장 큰 수혜자는 조선이었다. 제임스 게일을 비롯해 얼마나 많은 젊은이들이 무디 부흥 운동의 영향을 받고 은둔의 나라 조선으로 달려왔다. 1888년 게일이 한국을 향해 북미를 떠나기 바로 전날 51세의 무디는 게일의 어깨를 두드리며 미지의 나라로 향하는 한 젊은이에게 함께 기도할 것을 약속하며 격려했다. 1907년 평양 대부흥 운동의 주역 마포 삼열, 윌리엄 블레어, 그레이엄 리, 스왈른, 찰스 번하이젤, 윌리엄 헌트 역시 무디의 부흥을 경험하고 복음의 열정에 불타 조선으로 달려왔다. 이들은 이 땅에도 거룩한 부흥이 임하기를 사모하며 간절히 기도하기 시작했다. 드디어 부흥을 꿈꾸는 무리가 구름처럼 생겨났고 마침내 평양과 한반도 전역의 교회가 놀라운 부흥을 경험했다. 비록 무디는 이 땅을 밟은 적이 없지만, 그의 흔적은 1세기가 훨씬 지난 지금에도 한반도 구석구석에 깊게 배어 있다. 하나님은 비천한 자를 들어 위대한 역사를 이루신 것이다. 지금 이 땅의 교회는 제2의 무디를 목마르게 기다리고 있다.

III. 회복과 부흥을 위한 대안

미래의 주인공들은 이미 새로운 방법으로 시대를 맞이하고 있다. 거대한 일일생활권이 된 지구촌, 뛰어난 지력과 체력을 지닌 '600만 달러의 사나이'를 탄생시키는 혁신기술, 지금까지 추앙받았던 지식노동자는 AI에게 일자리 경쟁에 내몰리는 등, 80억 이상의 지구촌 구성원들이 함께 협력하지 않으면 안 되는 세상을 향한 '미래세대의 진격'이 태동된 것이다. 다음 세대에게는 판에 박힌 '물고기 잡는 법'을 가르치려 애쓸 필요가 없다. 물고기 잡는 법을 가르친다고 물고기를 잡지 않는다. 다만 바다를 사무치게 그리워하며 하나님의 창조하심에 대한 아름다움과 최고의 작품임을 강조하고 바다를 좋아할 수 있도록 권면하고 응원해주면 된다. 권면하고 응원해주는 일은 교사의 역할이다. 바다를 그리워하며 하나님의 창조에 신비와 아름다움을 맛보게 된 아이들이라면 바다에서 좋아하게 되고, 바다를 그리워하며 그림도 그리고 물고기도 잡게 될 것이기 때문이다. 현실적으로 이 시대의 미래세대를 교육하기가 어렵다는 선입견에서 벗어나야 한다. 마지막 시대라는 사명을 가진 믿음의 선진이 교사와 같은 마음으로 이들의 진정한 모델이 되고, 친구가 되어 주어야 한다. 다음 세대의 부흥 운동을 위한 준비가 체계적으로 되어져야 한다. 무디의 삶과 부흥 운동을 통하여 제2의 무디의 역할을 할 교사와 시대적 부흥 운동이 절실히 필요하다. 이에 몇 가지 대안을 제시하고자 한다.

1. 교사의 영성

교사의 영성은 예수그리스도께서 우리에게 보여주신 사랑의 마음에서 시작된다. 그 사랑의 마음은 다음세대를 향한 사역 속에서 온전히 구현되는 교사가 가져야 할 기본 정신이다. 그러기 위해서는 무엇보다 예수님께서 우리에게 보여주신 사랑의 마음을 깊이 새기는 것이 중요하다 하겠다. 교사의 영성은 프로그램으로 이루어지는 것이 아니고 어떤 마음을 가지고 교사의 사역을 감당하느냐에 달려있다. 올바른 사랑의 마음을 가지고 다음세대를 향한 사역을 감당할 때 놀라운 힘을 발휘하게 될 것이다. 미래세대는 미래의 중요한 하나님의 동역자이기에 아무에게나 맡겨서 훈련시키지 않으신다. 하나님께서 맡기시는 다음세대는 준비된 교사에게 이끌어 주신다.

"나를 보내신 아버지께서 이끌지 아니하시면 아무도 내게 올 수 없으니 오는 그를 내가 마지막 날에 다시 살리리라"(요한복음 6: 44)

교회로 나오는 다음세대는 하나님이 보내신다. 그런데 예수님의 사랑의 마음을 품지 못한 교사에게는 보내시지 않는다. 하나님께서는 교회에 다음세대만 보내시는 것이 아니고 교사에게 그 영혼을 맡기시기 때문에 예수그리스도의 사랑의 마음을 가진 교사의 영성이 더욱 중요하다는 말이다. 그러므로 자신에게 맡겨주신 다음세대는 단순히 내가 돌보고 관리해야 할 존재가 아니라 하나님께서 친히 맡겨주신 귀한 영혼이라는 사실을 기억해야 한다. 다음세대의 영혼을 위하여 사랑하되 끝까지 사랑하는 자가 하나님과 사랑의 관계성을 잘 유지하는 교사이며, 예수님의 모습을 닮아가는 교사이다. 이것이 교사의 영성이다. 교사의 영성을 위한 몇 가지 제안을 한다면 먼저 기도하는 교사가 되어야 하며, 따라서 교사 기도회가 활성화되어야 한다. 다음세대를 위한 준비된 교사가 되기 위하여 수요 교사기도회와 금요 교사기도회를 시작하라. 수요예배를 드리고 모여서 한 시간 기도회를 하고, 금요철야를 하기 전에 모여서 한 시간 기도회를 하고 금요철야에 참석하면 공 예배를 드리면서 교사의 영성을 세워나가는 좋은 방법이 된다.

두 번째로 토요일 교사모임이다. 토요일은 오후에 교사교육과 기도회를 하고 주일예배 리허설 모임을 꼭 가져야 한다. 예배를 위한 준비모임이며 기도회이다. 기도회, 너무 중요하다. 최고의 예배를 통하여 다음세대가 성장하기 때문이다. 따라서 예배를 위하여 꼭 준비 모임을 가져야 한다. 마지막으로 교사 전체 MT를 연 2회 가져라. 교사 MT는 담임목사가 직접 강사가 되어야 한다. 교사가 교회목회 방향을 정확하게 알고, 담임목사의 가치관을 공유하는 것이 중요하다. 그렇게 되면 건강한 교회, 건강한 미래를 준비하게 될 것이다.

2. 교사의 헌신에 대한 만족도를 높여라

마지막 때라고 하는 이 시대에 교사의 역할은 너무나 중요하며 교사의 헌신과 그 헌신에 대한 만족도가 높아야 한다. 이런 교사가 다음세대의 부흥을 주도할 수 있다. 인간은 사회적 동물이다. 사회적 동물은 학습을 통하여 성숙되는데, 학습은 가정, 학교, 교회, 학원 등 다양하게 이루어지고 있으며 그중에서도 학습의 완성도가 가장 높은 곳이 학교이다. 학교에서 가장 중요한 구성원은 교사와 학생이다. 학교는 교육 목표 달성을 위하여 존재하며, 이 교육은 교사에 의해 시작되고 완성된다. 이는 학교만이 아니라 교회학교 역시 마찬가지이다. 따라서 최대한 교육의 효과를 이끌어내고 그 목적을 달성하기 위해서는 교육내용의 질적 발전도 중요하지만, 그에 앞서 교육행위의 주체라 할 수 있는 교사에 대한 미시적 관점의 연구가 필요하다 하겠다.

이의 중요성을 세르히오반니(Sergiovanni)는 '교육의 변화는 교사의 변화를 의미한다'라고 표현한 바 있다. 학교조직에 대한 교사의 변화는 교사의 헌신 정도를 이야기한다. 교사의 헌신이 환경변인 속에서 조직의 응집을 결정하는 중요한 요소가 될 수 있고 또한 학교조직의 목표달성 정도를 예측할 수 있는 근거가 될 수 있다는 점에서 대단히 중요하다. 여기서 헌신이란 조직에 대하여 힘과 충성을 쏟아 넣고자 하는 사회적 행동요소로 교사들이 조직사회에서 얼마만큼 자기직무에 충실하며 적극적인 자세를 취하고 있는가를 진단하는 척도가 된다. 이는 비단 학교조직뿐만이 아니다. 교회에는 예배하는 기능, 전도하는 기능, 교육하는 기능, 사랑으로 봉사하는 기능 등이 있다. 이들 중에서도 교육은 현대 교회에서 특히 강조되어야만 할 중요한 사명이다. 그럼에도 불구하고 심지어 교회에서 교육에 그 생애를 바치고 있는 교사들조차 교회의 교육과 헌신이 얼마나 중요한 것인지 간과하고 있는 사람들이 즐비한 실정이다. 교회학교 조직이 바람직한 헌신성을 유지하고 있을 때 조직의 생산성이 높아지며, 학교조직의 목적 성취 역시 구성원의 자발적이고 적극적인 참여로 인해서 가장 효과적으로 이루어진다고 할 수 있다. 그러므로 교회학교 조직의 목적은 교회교육의 효과를 극대화 하는데 있다. 교사의 교회학교 조직에 대한 헌신 없이는 교회학교 조직의 목적이 효과적으로 달성되기 어렵다. 즉 교회학교의 목표달성에 협조적인 참여를 유발하게 하는 태도의 요인 중 하나로 헌신을 들 수 있는 것이다.

또한 직무만족이란 개인이 지각하는 직무관련 욕구의 충족 정도에 의해서 생성되는 모든 감정을 포함하는 심적 상태이며, 교사가 역할을 수행하는데 있어서 개인의 가치 및 욕구 등의 수준에 따라 주어진 직무환경에 대하여 충족되는 감정 정도라 할 수 있다. 교사의 헌신도 문제는 교사의 희생적인 부분이라기보다 오히려 교사 자신의 직무만족을 위해서 필요하다는 선행연구가 활발히 이루어지고 있는 실정이다. 결국 조직헌신도가 높을수록 직무만족도 또한 높아진다는 것이다. 교육의 주체자인 학생들에게 큰 영향력을 주는 교회학교 교사들의 능력을 극대화시키는 조직의 헌신도와 직무만족도의 관계를 통하여 교회학교 교사의 조직헌신도와 직무만족도를 높이기 위해서는 교사를 위한 교육이 철저히 실시되어야 하며 교사가 교육 활동에 전념할 수 있도록 직무환경을 조성해 주어야 한다. 그리고 교사가 긍지를 가지고 교육 활동에 충실 할 수 있도록 교사의 사기를 높이는 교육여건을 조성하는 것이 필요하다. 교회학교 교사의 교육경력이 많을수록 조직헌신도와 직무만족도가 높은 것으로 미루어보아 교사가 지속적인 헌신을 유지 할 수 있도록 교사의 자부심을 높여주는 격려가 필요함을 알 수 있다. 나아가, 풍부한 성경 지식과 하나님 말씀에 대한 깨달음으로써 교육 활동에 적용할 수 있도록 교회 조직 내의 지속적인 투자와 지원이 필요하다. 즉 성경에서 이야기하는 사명 감당과 성경 말씀에 순종하는 믿음이 교사의 헌신도와 관련이 있다고 볼 수 있다. 그리고 무엇보다 교회학교 교사의 계속적인 충원과 장기적으로 헌신할 수 있는 교사가 필요하다고 하겠다. 이를 위하여 교회학교 교육의 중요성과 교사됨의 의미 및 사명감에 관한 집중적인 교육세미나와 〈교육목회 엑스폴로〉에 참여하는 기획이 필요하며, 정기적인 재교육이 계속되어야 한다.

3. 핵심가치의 이해와 패러다임의 변화

사역의 핵심가치 이해로 인한 패러다임 변화가 필요하다. 교사는 사역에 앞서 교회와 교사의 핵심가치를 이해하고 있어야 한다. 핵심가치를 이해한다는 것은 미래세대 부흥 운동에 있어서 가장 중요한 것이 무엇인지를 이해하는 것이다. 핵심가치가 중요한 이유는 사역의 본질과 목표를 제공하기 때문이고, 교사가 이것을 제대로 이해할 때 사역의 우선순위를 점검할 수 있기 때문이다. 핵심가치를 정확하게 이해하지 못하면 눈 앞에 펼쳐진 많은 사역에 정말 중요한 것을 놓쳐버린다. 중요한 일과 긴급한 일을 구별할 수 있어야 한다. 그 방법은 핵심가치를 이해하는 것이다. 교사가 사역의 핵심을 놓치면 긴급한 일과 주변의 일들에 힘을 낭비함으로 열심히 사역했다는 것으로 만족하고 열매를 보지 못하는 경우가 있다. 핵심가치와 상관이 없는 일에 열정을 쏟아버린 것이다. 그렇기 때문에 교사는 사역의 핵심가치를 잘 이해해야 한다. '분주하다'라는 표현을 영어성경에서 'distracted'라고 표현한다. 'distract'는 원래 궤도(track)에서 벗어났다(dis)는 것이다. 원래의 궤도는 예수님의 말씀인데 그 말씀에서 벗어나면 예수님과 인격적인 교제를 할 수 없다. 그래서 하나님의 임재가 궁극적인 핵심가치이다. 사역을 하기 전에 가장 중요한 가치를 알고 있어야 한다. 그래야 사역 자체로 분주해지지 않는다. 핵심가치를 통한 우선순위를 정립하지 않으면 여러 사람에게 상처를 입히고, 공동체를 무너뜨리는 결과를 보게 될 것이다. 사역을 맹목적으로 해서는 안 된다.

   이러한 핵심가치를 바르게 인식함으로 필자는 몇 가지 패러다임의 변화를 요구하고자 한다. 먼저, 주일 중심의 교육에서 매일 생활교육으로의 변화를 이루어야 한다. 대부분의 교회는 주일에 한 시간에서 두 시간의 예배와 성경공부가 교회학교 교육의 전부이다. 예배와 말씀을 접하는 시간이 얼마나에 따라서 영적인 부분에 영향이 있을 수밖에 없다. 무엇을 듣고 보느냐가 생각에 영향을 끼치기 때문에 세상의 환경에 노출되어있는 다음세대를 영적인 환경에서 성장하기 위하여 매일 교회교육이 병행되어야 한다. 따라서 가정에서 자기 주도적 영성 교육으로 이어져야 한다.

두 번째로 목회자, 교사 중심에서 부모가 함께 책임지는 품성 교육으로 변화가 이루어져야 한다. '세 살 버릇 여든까지 간다.'라는 속담이 있다. 어렸을 때부터 바른 품성 교육을 통하여 사회 문제를 해결하는 장기적인 대안을 세워야 한다. 품성은 중요하다. 가정에서도, 학교에서도, 직장에서도, 교회에서도, 이웃에게도, 사람들과의 관계에 있어서도 품성은 중요하다. 왜 중요할까? 하나님께서 그 중요성을 말씀하셨기 때문이다. 데살로니가전서 4장 3절 말씀에 "하나님의 뜻은 이것이니 너희의 거룩함이라"고 하셨고, 잠언 20장 7절 말씀에도 "온전하게 행하는 자가 의인이라 그의 후손에게 복이 있느니라"고 하셨다. 그리고 요한복음 13장 14절 말씀에 예수님께서는 제자들의 발을 다 씻기신 후에 "너희도 서로 발을 씻어 주는 것이 옳으니라"고 말씀하셨다. 하나님은 우리를 있는 그대로 사랑하신다. 그러나 동시에 변화되기를 원하신다. 예수님을 본받아 변화되기를 원하시는 것이다. 예수님을 영접하고 계속 따르기를 원하신다. "어떻게 하면 좀 더 예수님을 본받을 수 있을까?" 이것이 우리의 과제이다. 예수님의 품성을 배우고 본받는 것이 예수님을 본받는 것이고, 변화의 원동력이다. 어렸을 때부터 예수님의 품성을 교육하고 훈련하는 것이 얼마나 중요한지를 알고 교회에서 체계적으로 교육을 한다면 미래세대를 통하여 사회 문제가 해결될 것이다.

마지막으로 학교 스타일에서 교회 공동체 스타일로의 변화이다. 교회가 교회다운 것은 세상이 인정하는 교회일까? 아니면 하나님이 인정하는 교회일까? 하나님께 인정받으면서 세상이 인정하는 교회가 진정한 교회이다. 교회가 세상을 향하여 영향력이 있다면 부흥이 있게 된다. 요즘 교회의 모습은 세상을 닮아가려고 노력하는 것 같다. 교회학교에서도 모든 교육과정이 학교를 따라가며, 프로그램도 세상에서 재미있는 것을 그대로 사용하고 있다. 교육의 목적을 잃어버렸다는 것이다. 교회학교가 학교 스타일에서 교회 스타일로 변화되어야 한다. 교회학교는 공동체(대그룹과 소그룹)의 조화로 하나님께 영광을 돌리며, 하나님의 임재가 있는 공동체이다. 이것이 영향력으로 나타날 때 세상이 변화될 것이다. 하나님의 "생명의 성령의 법이 죄와 사망의 법에서 너희를 해방하였음이라"(롬8:2)고 했다. 교회학교가 하나님의 생명의 성령의 법으로 세상의 학교를 변화시키도록 노력해야 한다. 환경에 의하여 사역을 못한다는 생각을 내려놓고 그 환경을 변화시키며 바꿔가는 창조적 교회와 교사가 되어야 한다.

참고문헌

김영재,『기독교 교회사』. 수원: 합동신학대학원출판부, 2005.

거프 & 자넷 벤지/ 안정임 옮김,『디엘 무디』. 고양: 도서출판 예수전도단, 2013.

류대영,『초기미국선교사연구 1883-1910』. 서울: 한국기독교역사연구소, 2001.

옥성득,『한국 기독교 형성사』. 서울: 새물결플러스, 2020.

최현민, "마지막 교사",『어린양』. 성결교회 어린목동을 위한 필독 정보지, Vol. 47, 2014.

_____, "미래세대 교육과 선교",『활천사』. 통권743호, 2015.

_____,『미래세대를 디자인하라』. 미래세대성장연구소, 2016.

_____, "교회학교 교사의 조직헌신도와 직무만족도와의 관계 연구", 연세대학교 대학원 석사 학위 논문, 2008.

_____, "기독교대한성결교회 초등부 공과에 나타난 선교교육 분석연구(전통주의를 중심으로)", 서울신학대학교 대학원 석사학위 논문, 2011.

Angle, H. L. & Perry, J. L., Organizational Commitment : Individual and Organizational Differences. Work and Occupations, 1983.

Brown, M. E., "Identification and some Conditions of Organizational Involvement," Administrative Science Quarterly, 1969.

Buchanan, B., "Building Organizational Commitment : The Socialion of Manager in Work Occupations," Administrative Science Quarterly, 1974.

Buchanan, B., Building Organizational Commitment : The Socialzation of Mamagers in Work Organization, Administrative Science Quarterly, Vol. 19, 1984.

James F. Findlay, Dwight Moody: American Evangelist 1837-1899. Chicago: The University of Chicago Press, 1969.

Stanley N. Gundry, Love Them in: The Life and Theology of D. L. Moody. Chicago: Moody Bible Institute, 1999.

William R. Moody, The Life of Dwight L. Moody by His Son. New York: The Authorized Publishers, 1900.

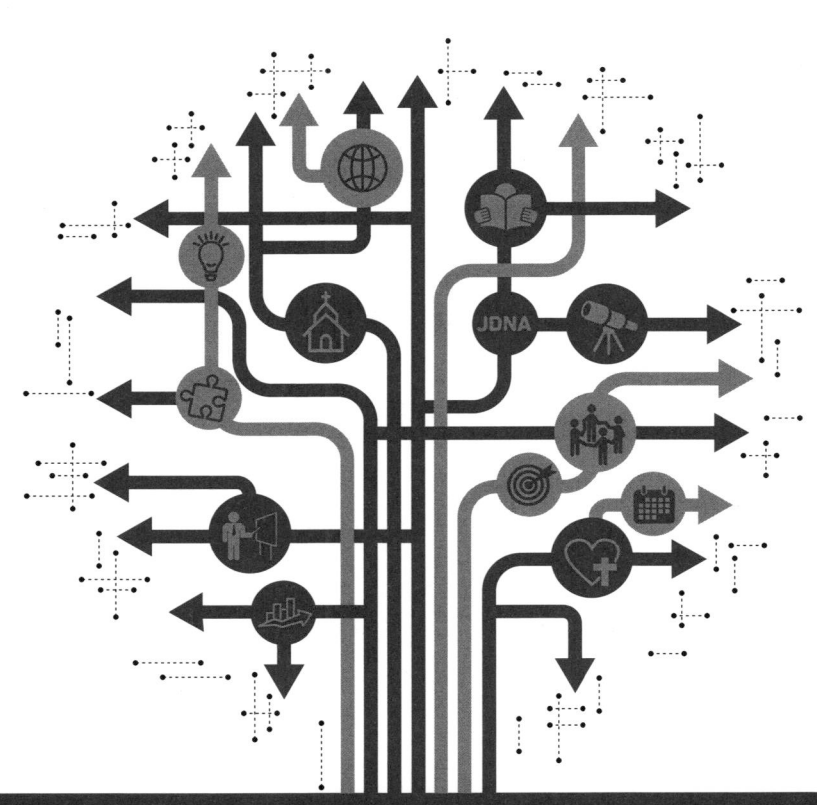

Chapter Two

찬양 회복

제1장 성경에서의 찬양
제2장 노래에서 찬양으로
제3장 양주세계로중앙교회 아동부 찬양 사례발표

제 1 장
성경에서의 찬양

박연훈 목사(기감)

협성대, 총신대 신학과 졸
감신대선교대학원 졸
미드웨스트 음악석사
에반젤 음악박사

프레이즈예술신학교 설립자
교회학교성장연구소 소장
어린이은혜캠프 1996년부터 개최
다음세대부흥본부 본부장

praise7070@daum.net
010-2281-8000

강의주요콘텐츠
-교사대학
-학교앞전도, 반목회, 교사부흥회, J-DNA 시스템 등
-어린이부흥회
-온가족부흥회

나의 어린시절 교회에 대한 기억은 크게 두 가지 정도이다. 하나는 노래들이다. "연못가에 자라는, 나는 주의 화원에, 예수께로 가면, 나의 사랑하는 책, 탄일종, 돌아갑시다, 교회학교 지금 끝나 집으로 갑니다. 여러분 우리 동무여"등의 노래를 부르던 것과 다른 하나는 마룻바닥의 예배당에 방석을 가지런하게 깔아 놓아 선생님의 칭찬을 받던 기억이다. 중고등부 학생활동에 대한 기억은 많은데 교회학교 아동부 시절의 추억이 까마득하다. 어린이들이 6년 동안 교회학교에 다니면서 찬양의 영성만 열려도 그 아이에게 있어서 정서적으로나 문화적으로나 그 어떤 면으로 보아도 그야말로 깨인(?) 어린이가 될 수 있다. 그 원리를 소개하고자 한다.

우선, 어린이가 찬양의 영성이 열리면 매달 1곡만 익혀도 6년이면 72곡이 된다. 고백적이고 경배적인 귀한 곡을 아예 암송할 수 있다. 그런데 교회학교에 다루는 곡이 너무 많다. 그리고 세속적인 곡이 어린이들 입에 오르내리도록 지도자가 잘못하는 경우가 흔하다. 교회학교가 어린이들에게 가장 큰 실수를 범한 부분이 바로 음악 콘텐츠이다. 학교가 음악을 가르친다면 교회는 그 수준보다 더 높은 찬양을 부르는 곳이다. 그런데 이 기초적인 부분이 성경에서 원하는 방향과는 아예 빗나갔다. 그 결과 교회학교에 출석한 어린이들의 영적 성장이 이루어지지 못했다. 더욱 심각한 영향은 어린이 스스로 교회학교가 그냥 또 하나의 교육기관처럼 받아들이는 심각한 오해가 발생된 것이다. 〈머리 어깨 무릎 발 무릎 발〉이라는 곡을 시작으로 〈정글 숲을 헤쳐서 가자〉, 〈참새 한 마리〉, 〈올챙이 한 마리〉 등등 아동들이 유치원에서 즐겨 부르던 노래와 율동, 어린이집에서 재미있게 부르던 곡과 율동이 아무런 여과 없이 그대로 교회학교에서 불려졌다. 사실, 교사들은 분별력을 가지고 있지 않았다. 교사 강습회에서 배워 왔으니 말이다. 그래서 그게 최선인 줄 알았었다. 차라리 어린이 찬송가나 어른 찬송가의 곡을 부르면 영적 성장이 일어났겠지만 지도자들은 그 단계를 놓쳤다. 더군다나 여름성경학교든 주일예배에서 가장 많은 시간이 소요되는 콘텐츠는 바로 음악이다. 특히나 여름성경학교에서는 과거 3-4일 진행할 때 매일 30분 이상의 시간을 주제가와 그에 따른 노래와 율동을 하였다. 이 부분에 공감이 되고 고개가 끄덕여져야 교회학교의 분위기를 주일학교가 아닌 〈성경적 교회학교〉로 바꾸어 운영할 수 있다. 이제 확실히 성경적 교회학교를 세우는 근간이 되는 〈지성소 찬양〉으로 구축해 보자.

I. 지성소 찬양

"이 백성은 내가 나를 위하여 지었나니 나를 찬송하게 하려 함이니라" - 이사야 43장 21절 -

"거기서 내가 너와 만나고 속죄소 위 곧 증거궤 위에 있는 두 그룹 사이에서 내가 이스라엘 자손을 위하여 네게 명령할 모든 일을 네게 이르리라" - 출애굽기 25장 22절 -

"이스라엘의 찬송 중에 계시는 주여 주는 거룩하시니이다" - 시편 22편 3절 -

교회는 아이든 어른이든 그 누구든 하나님께 주목해야 하고 하나님의 창조목적에 반응해야 한다. 그 시작이 바로 찬양이다. 하나님을 찬송

초등학생들로 구성된 SB워십팀

하도록 만들기 위해 지어졌고, 찬양할 때 만나 주시고, 찬송 중에 거하신다고 약속하셨다. 이래도 애들의 눈높이에 맞추어야 한다고 노래 부르다 그 고귀한 영혼을 훼손시키겠는가? 모든 걸 다 아시고 다 준비하시는 하나님은 이미 교회학교에 찬양에 대한 자극을 주기 시작하셨다. 먼저, 예수전도단에서 1972년 화요모임을 시작으로 1974년 국내 최초로 현대적인 스타일의 찬양 중심 예배를 이끌어내었다. 그리고 1980년대 하용인 선교사를 중심으로 시작된 '두란노 갱배와 찬양'은 1987년 온누리교회에서 목요모임으로 '경배와 찬양'이 한국교회를 강타하여 확산되기에 이르렀다.

 필자는 1998년도에 감리교신학대학교 선교대학원 석사 학위 논문으로 "교회에서의 율동에 본질에 관한 연구"를 기술하였다. 그 이후 한국교회에 노래와 율동을 〈몸찬양〉이라 명명해야 한다고 공포하였다. 그래도 교회학교는 계속하여 노래와 율동의 깊은 잠에 빠져 있었다. 많고 다양한 이유와 원인이 있지만 〈교육목회 엑스폴로22〉를 기점으로 대한민국 교회학교는 모두 찬양으로 하나님 앞에 겸손히 나아가야 한다. 하나님은 강력히 바라고 원하신다. 고사리 같은 손을 모으고 창조주 하나님을 향해 입을 열어 혹은 온몸으로 찬양하는 천사보다 더 아름다운 어린이들의 모습을 원하신다는 뜻이다.

II. 성경에서의 찬양 사건

신구약에 특징적으로 드러나는 다섯 개의 찬양 사건만 둘러 보아도 찬양이 얼마나 놀랍고 엄청난 기적이 있는지 쉽게 눈치채게 된다.

1. 홍해를 건넌 미리암의 찬양 (출애굽기 15:20~21)

아론의 누이 선지자 미리암이 손에 소고를 잡으매 모든 여인도 그를 따라 나오며 소고를 잡고 춤추니 미리암이 그들에게 화답하여 이르되 너희는 여호와를 찬송하라 그는 높고 영화로우심이요 말과 그 탄 자를 바다에 던지셨음이로다 하였더라

몸짓으로 하나님을 찬양하는 모습을 성경에서 처음으로 보여주는 미리암은 춤추는 행위도 중요하지만 홍해를 건넌 후 구원의 하나님께 묵묵부답하던 이스라엘 백성들을 각성시키고 그들의 시선을 하나님께 향하게 하는 이 모습에서 교회 찬양인도자나 어린이 찬양교사가 반드시 본받을 본문이다.

2. 여호수아의 찬양 (여호수아 6:15~16)

일곱째 날 새벽에 그들이 일찍이 일어나서 전과 같은 방식으로 그 성을 일곱 번 도니 그 성을 일곱 번 돌기는 그 날뿐이었더라
일곱 번째에 제사장들이 나팔을 불 때에 여호수아가 백성에게 이

르되 외치라 여호와께서 너희에게 이 성을 주셨느니라

여호수아의 찬양사건은 어린이들도 매우 잘 아는 내용이다. 찬양에 동원된 악기와 믿음으로 한 순간 터진 "외침"은 현대교회에 그대로 적용되어 온갖 악기와 선포, 통성기도에서의 "주여 삼창", "설교 중 아멘"으로 실현된다. 더 중요한 것은 하나님의 명령을 그대로 따른 순종에 있다는 걸 우리는 보아야 한다. 순종하며 찬양할 때 부흥의 기적이 일어난다.

3. 그 유명한 다윗의 찬양 (사무엘하 6:13~14)

여호와의 궤를 멘 사람들이 여섯 걸음을 가매 다윗이 소와 살진 송아지로 제사를 드리고
다윗이 여호와 앞에서 힘을 다하여 춤을 추는데 그때에 다윗이 베에봇을 입었더라

성경에서 찬양을 잘한 사람을 꼽으라면 대부분 "다윗"을 지칭하고 강단에서 자주 설교되어 왔다. 하나님을 인식하고 힘을 다하여 춤을 춘 다윗, 교회학교에서 어린이들이 그대로 닮을 콘텐츠이다. 이렇게 하지 않고 "싱글싱글싱글싱글 벙글벙글벙글벙글" 하고 있었으니…

4. 잘 안 알려진 여호사밧의 찬양 (역대하 20:21~23)

백성과 더불어 의논하고 노래하는 자들을 택하여 거룩한 예복을

입히고 군대 앞에서 행진하며 여호와를 찬송하여 이르기를 여호와께 감사하세 그의 인자하심이 영원하도다 하게 하였더니 그 노래와 찬송이 시작될 때에 여호와께서 복병을 두어 유다를 치러 온 암몬 자손과 모압과 세일 산 주민들을 치게 하시므로 그들이 패하였으니
곧 암몬과 모압 자손이 일어나 세일 산 주민들을 쳐서 진멸하고 세일 주민들을 멸한 후에는 그들이 서로 쳐 죽였더라

여호사밧의 찬양도 여호수아의 찬양 배경과 비슷하다. 반복하여 하나님께서 이 역사실 현장을 보여 주는 것은 우리도 그렇게 하라는 것이다. 하나님이 하시는 일을 믿고 찬양하자. 함축적으로 교훈한다. "여호와께 감사하게 그 자비하심이 영원하도다!"

5. 찬양의 모델, 바울과 실라의 찬양 (사도행전 16:25~26)

한밤중에 바울과 실라가 기도하고 하나님을 찬송하매 죄수들이 듣더라
이에 갑자기 큰 지진이 나서 옥터가 움직이고 문이 곧 다 열리며 모든 사람의 매인 것이 다 벗어진지라

구약의 4가지 찬양 사건 중 기적이 일어난 사건이 여리고성 여호수아와, 모압 암몬 세일산 거민들과의 전투에서의 여호사밧이라면 신약에서의 단 1회 기록된 찬양사건도 기적이 나타나는 사건이다. 하지만

구약과 다르다. 구약은 약속에 의한 믿음의 찬양이었다면, 바울과 실라는 24시간 삶 속에서의 하나님 인식과 찬양을 보여준다. 그러므로 사춘기 전에 어린이들이 찬양의 영성에 눈을 뜨고 입에 찬양이 저절로 흥얼거려지고 주 성령님과 동행하도록 찬양을 바르게 하자는 것이다.

III. 어린이교회에서 불러야 할 찬양의 선곡 기준

극단적 예를 들어 본다. 금식기도 40일을 했어도 〈고향의 봄〉, 〈학교종〉 곡으로는 하나님께 영광을 돌릴 수 없다. 그렇다. 곡 선택이 그만큼 중요하다. 그런데 한국교회 교회학교는 이 부분을 놓쳤었다. 맛난 요리도 좋은 재료가 바탕이 되듯 하나님께 영광이 되고 찬양자 스스로가 하나님의 임재를 느낄 수 있는 곡을 교사는 선택하여 어린이들이 부르게 해야 한다. 그렇다면 이 기회에 교회에서 부르는 곡의 장르를 아예 구분해 보자.

찬양의 장르

가사의 방향	명칭	대상	가사내용	음악적 특징	미치는 영향	용도	실례
상향(上向) (up-going)	찬송가	성삼위 하나님	하나님의 속성 하신 일, 하실 일	전통음악	하나님과 찬양자의 만남, 임재	공예배 전반, 특별집회	1-95
	성가			합창음악			할렐루야
	경배와 찬양			현대음악 리듬위주			사랑하는..
							목마른 사슴

내향(內向)(in-going)	부흥가	하나님 앞에서 나	호소, 탄원, 돌이킴, 다짐, 헌신, 감사	현대음악 멜로디 리듬위주	하나님 앞에서 자신을 돌아 봄, 부흥, 교제	예배후반, 부흥집회, 기도회, 금요철야	하나님 한번도 나를...
	코이노니아						이렇게 좋은 날, 축복송
외향(外向)(out-going)	복음성가	신자 - 낙심, 불신자	은유적 간증 복음 증거	현대 음악 멜로디 리듬	복음이 증거됨, 불신자 구원	부흥회, 대중집회	예수 믿으세요, 세상에서 방황
	CCM				불신자 원, 기독교 문화의 출구	청소년집회, 선교적도구, 문화	주 예수, 예수 부활 내 부활.....

이를 바탕으로 하여 교회학교에서의 찬양 선곡이 이루어져야 한다. 그리고 초등학생이 경배와 찬양곡을 부르는 것에 대하여는 아래 부분에서 제안한다.

IV. 임재를 체험하는 실제적 제안

1. 아이들 스스로 하나님께 나아가게 하라

학교의 개념을 버리지 못하면 초등학교 음악 시간 같은, 유치원 같은 노래와 율동이 지속되고 어린이들에게는 주위 집중, 가사 암기, 가사를 통한 지정의 함양의 목표만 이룬다. 그러나 교회의 음악은 "찬양"이다. 어린이가 찬양할 때 하나님의 임재가 나타난다. 그러므로 어떤 모양으

신명나게 찬양하는 아이들

로든 찬양인도 교사는 이 부분을 기억하고 음악교사가 아닌 워십리더로 어린 양을 하나님의 존전으로 세우는 일에 매회 성공해야 한다. 즉, 어린이로 하여금 성부성자성령 하나님을 인식하고 그분께 직접 나아가고 찬양하게 해야 한다. 그 직무를 소홀히 하면 직무유기인 것이다. 그렇다면 이제 실제적으로 예배 전에 약 15분 정도 찬양하는 시간을 정하고 곡선택하는 소위 큐시트를 짜 보자. 큐시트의 곡 배정 순서는 무조건 올해의 찬양+절기나 설교에 관련된 곡 2~3곡 선정+이 달의 찬양으로 선곡한다. 이것이 임상(?) 결과 대부분의 교회가 모두 가능하였다. 올해의 찬양 천지창조, 이 곡은 언제나 맨 처음 곡으로 부른다. 결과적으로 완벽하게 외울 뿐 아니라 창조주 하나님에 대한 인식과 창조 순서를 숙지하고 하나님을 높이게 된다. 그 다음 교회에서 자주 부르던 곡 중에서 절기와 설교에 관련된 23곡을 부르고 이 달의 찬양은 매 월 한곡을 변함없이 부른다. 역시 올해의 찬양과 마찬가지로 이 달의 찬양도 어린이들의 심령에 살아 움직이고 삶 속에서 읊조리게 되는 엄청난 역사를 이루게 된다. 이렇게 찬양의 개념만 분명히 하고 바르게만 이끌어 주어도 어린이들의 영혼이 은혜로 충만하고 중생하고 하나님과 동행하게 되는데 이걸 모른 채 수십 년을 음악시간으로 보냈으니 어찌 땅을 치고 울지 않을 수 있겠는가?

2. 많은 곡보다 좋은 곡

여름성경학교에 곡이 쏟아진다. 주제가와 몇 곡 정도만 적용하고 찬양의 흐름을 놓치면 안된다. 찬양은 선곡이 매우 중요하다. 좋은 요리는 재료가 신선하고 좋아야 하듯 말이다.

가사는 위의 찬양의 장르를 기준으로 하여 음악적 선택과 가사적 선택이 이루어진다. 이 때 경배와 찬양 곡의 선택은 아이들이 이해하기 어려운 단어가 있는 가사나 4줄 아무리 길어도 6줄 이상의 곡은 선택하면 안된다. (주의 자비가 내려와, 내 모든 삶에 행동 주안에 등)

3. 불후의 명곡 리스트

1) 감사한 것을 세어 봅시다. '나는 나는 장난꾸러기, 나는 구원열차, 나의 발은 춤을 추며, 내 안에 부어 주소서, 누구든지 목마르거든, 내게 강 같은 평화, 다시오마, 대장이 될래요, 무화과 나무 잎이 마르고, 먼저 그 나라와 그 의를, 복음을 심었습니다, 바람 불어도 괜찮아요, 앗 뜨거

워, 예수님이 말씀하시니, 오 기쁨 주님 주신 것, 아름다운 마음들이 모여서, 오직 성령이 너희에게, 정말 좋아요, 왕왕왕 나는 왕자다, 원죄 자범죄, 예수 안에 있는 나에게, 천국은 마치, 사막에 샘이 넘쳐 흐르리라, 찬양하세, 축복해요, 파란하늘 무지개, 싹트네, 꿈을 그리는 화가, He's changing me' 등등

2) 이 달의 찬양 추천 곡
'나는 예배자, 예수님 만나고 싶어요, 내 마음의 한자리, 예수님 예수님, 나는 주의 화원에, 연못가에 자라는, 좋으신 하나님, 아바 아버지, 나의 피난처 예수, 사랑하는 나의 아버지' 등등이다. 선곡 기준은 가사 내용이 성삼위 하나님을 향한 고백, 바람이고 음악적으로 느리고 여유 있는 곡들이다.

3) 찬송가 : '나같은 죄인 살리신(305), 나의 죄를 씻기는(252), 나의 사랑하는 책(199), 복의 근원 강림하사(28), 예수 사랑 하심을(563), 예수께로 가면(565), 예수 우리 왕이여(38), 인애하신 구세주여(279), 죄 짐맡은 우리 구주(369) '등등

4. 멘트 사용법

멘트는 사실 안 할수록 프로(?)이다. 서론 혹은 인사는 별로 쓸데가 없다. 그리고 최악의 멘트는 "~ 하면 좋겠습니다. ~ ~하길 바랍니다. ~ 가운데" 등등이다. 귀로 들어서 배운 멘트는 다 잊자. 창조적으로 주 성

령의 능력으로 입을 열어라. 멘트는 선포이다. 멘트의 전형을 보여 주는 워십리더는 하스데반 선교사이다. "십자가로 나아오라 십자가로 나아오라", "하나님을 바라보세요", "주님께만 행합니다" 등등 물론 어린이 워십리더는 아니지만 배울 필요가 있다.

V. 결언

이제 좀 더 구체적인 내용과 사례를 보면서 성경적 찬양에 눈이 열리길 축복한다. 다시 강조하지만 아무리 어린 아이라도 긍정 부정을 표현할 수 있는 나이라면 하나님을 인지할 수 있다. 성삼위 하나님께 찬양을 드릴 수 있다. 그것을 가르쳐 주고 보여주고 그렇게 실제 하도록 안내해 주는 곳이 교회 속의 교회이다. 할렐루야!

제 2 장
노래에서 찬양으로

신영옥 목사(합동개혁)

총회신학교 졸
프레이즈예술신학교 졸업
총회신학 대학원 및 국제신학대학원 대학교 (M.div)
대한신학대학원 대학교 (Th.M) 기독교교육 전공
(논문 : 교회학교 어린이 전문적인 찬양인도자를 통한 찬양의 활성화와 예배회복에 대한 제언)

갓스타찬양선교센터 대표
거룩한 샘 성천교회 교육목사
홀리드림 찬양신학교 교수

ok1004sin@hanmail.net
010-3357-6900

강의 주요 콘텐츠
- 어린이 찬양인도자 및 찬양팀 위탁교육
- 찬양 부흥회
- 교사교육

어린이들은 율동을 참 좋아한다. 필자도 어린 시절 율동이 좋아서 교회가기를 좋아했고, 앞에 나와서 "율동 할 사람" 하면 손을 번쩍 들고 있는 폼, 없는 폼 다 잡아가며 율동했던 생각이 난다. 선생님은 이런 나를 예뻐해 주셨고 칭찬도 해 주시면서 사탕도 주셨다. 나는 그런 찬양 인도 선생님을 무척이나 좋아했고 잘 보이려고 꽤 애썼다. 필자가 이렇게 어린이 찬양사역을 할 수 있었던 것도 어린 시절 찬송을 아주 잘 인도하는 선생님의 영향을 받았기 때문이다.

기록이나 필자의 경험에 의하면 한국 교회학교 역사상 어린이들의 노래 활동이 가장 활발했을 때가 1972년 여름성경학교 이후부터 1990년대라 생각한다. 율동이 교회 안에 들어왔을 때부터라 생각된다. 율동의 시작은 헝가리의 코다이가 국민들에게 음악교육을 시키기 위해 시작되었다. 그리고 이어 프뢰벨이 지식교육으로, 몬테소리가 반복

교육으로, 삐아제가 표현교육으로 사용되어 왔고 우리나라도 교육적 가치로 인정되어 유치원과 초등학교(국민학교)에서 율동을 적극적으로 활용하게 했고 마침내 1960년대 후반부터 교회에도 자연스럽게 활용하게 되었다. 특히 율동이 교회로 들어오면서 가장 많은 영향을 받은 대상은 어린이들이다. 쉬지 않고 왕성한 에너지를 발산하는 활동적인 어린이들에게는 그저 신나고 즐거웠기 때문이다. 매년 여름성경학교 찬양시간은 가장 인기가 많았고 이를 통해 교회학교가 부흥되기 시작했다.

그런데 1991년 율동의 획기적인 전환점을 맞이하게 되었다 흥미 위주, 주의 집중, 놀이 표현, 교육목적의 율동에서 찬양의 형태로 율동을 해야 한다는 율동개혁운동이 전개 되었다. 개혁 운동의 요점은 "생명의 공동체인 교회에서 유치원식의 율동을 하지 말고 찬양의 형태로 재출발하여 성경에 나오는 하나님을 향한 몸짓으로 하나님께 온몸으로 찬양 드리자"이다. 그래서 이때 새롭게 대두된 것이 바로 "몸찬양"이다. 이후에 몸찬양 강습회마다 수백 명의 교사들이 전국에서 몰려왔고 필자도 또한 그 교사들 중에 한 사람이다. 나는 몸찬양을 통하여 도전을 받고 많은 은혜와 성령의 기름부음을 받았다. 그리고 몸찬양을 전문적으로 배우고 몸찬양 강습회 강사로, 캠프 몸찬양 인도자로, 또한 몸찬양 제자를 양성하는 교수로 전국 방방곡곡을 다니며 어린이 몸찬양 사역을 해 오고 있다. 하지만 교육목적과 흥미 위주로 시작된 율동의 영향이 얼마나 컸던지 몸찬양을 배운 교사들이 은혜받고 신선한 충격을 받아 관심들은 많았지만, 교회 가서 실제적으로 몸찬양이라는 말조차 꺼내는 것이 어려웠다. 그 이유는 교회학교 지도자들이 "율동과 몸찬양은 같은 것이다. 그런데 뭘 복잡하게 바꾸려고 하는가? 쓰던 대로 율동이라고 하자, 아이들은 그저 신나고 재미있게 놀아주기만 하면 된다"는 말로 오히려 설득시키려 했고, 어떤 교회는 관심조차 가지지 않으려고 한다는 교사들의 푸념 섞인 전화들을 받곤 했다. 새로운 시작도 하기 전에 교사들에게 격려는 커녕 사기를 꺾어 버린 격이다. 너무 힘들다고 찬양인도를 그만두겠다는 선생님들까지도 나왔다. 흥미 위주, 주위 집중, 놀이, 학습 효과의 목적인 율동 가지고는 우리가 다윗처럼 찬양하며 춤출 수도 없고, 하나님을 예배하며 하나님의 임재를 느낄 수도 없다.

하지만 몸찬양은 다르다. 다윗처럼 춤출 수 있고, 예수님을 느끼고 만나는 영적체험을 할 수가 있다. 찬양이 살아나면 예배가 회복되고 더 나아가 부흥이 일어난다. 가장 먼저 필자가 그랬다. 나는 어린이들과 찬양할 때 아무 생각 없이 자기 흥에 겨워 마음대로 찬양하는 어린이들에게 "율동"하지 말고 몸으로 찬양을 드리라고 말한다. 필자의 찬양 멘트는 대부분 이렇다. "몸으로 찬양 드리겠어요 "하나님이 지금 우리를 보고 계세요! 한 손을 올리더라도 예수님 생각하며 마음을 올려 드리세요! 하나님이 지금 우리의 찬양을 받고 계세요! 온 맘 다해 진정으로 찬양 드리세요! 아이들이 그대로 따라하며 감동을 받는다. "손 드세요, 손뼉 치세요, 몸찬양 하세요, 큰 목소리로 따라서 외쳐 보세요" 아이들이 포기만 하지 않는다면 떠들 시간, 멍 때릴 시간이 없다. 어떻게든 찬양시간에 어린이들이 하나님을 인식하게 하고 진정성 있는 찬양을 온 몸으로 드릴 수 있도록 한다. 그러면 어느덧 어린이들이 하나님 앞에 서 있고 자신들을 하나님께 드리는 것을 보게 된다. 요즘 어린이 찬양 현장속으로 들어가 보자. 먼저 어린이들 모습을 보면 왜 찬양해야 하는지! 왜

손뼉치고 몸찬양해야 하는지도 모르고, 지적 당할까봐! 억지로 따라한다. 지루해 하며 하품을 한다. 예배자체를 외면하듯 아무것도 안하고 멍 때린다. 몰래 스마트 폰을 하다가 압수라도 하면 욕하며 밖으로 나가 버린다. 권면해도 혼을 내도 꿈쩍도 안한다. 찬양팀을 보며 킥킥대고 소곤소곤 거리며 구경한다. 찬양인도자는 어떤가? 사명감도 책임감도 없다. 토요일날이나 주일아침 끄적끄적 콘티 몇 자 적고 뻔뻔하게 강단에 올라선다. 안 따라하면 중간 중간 사탕 던져주고, 선물 준다. 찬양 잘하는 반에게 피자와 치킨을 쏜다. 그럼 아이들 난리 난다 잠시 잠깐 집중시킬 수 있을지는 모르겠지만 그 다음주에 더 큰 선물로 만족 시켜주지 못하면 어린이들은 시시하게 받아들이며 실망하고 쇼핑족처럼 선물과 먹을 것을 더 많이 주는 교회로 옮겨 다닌다.

어떤 인도자는 찬양이나 동작을 암기하지 못하여 버벅 거리고 벌벌 떨다가 내려오는 인도자들도 있다. 또한 교사들은 어떤가? 찬양시간부터 예배다. 근데 뭐가 그렇게 바쁜지! 들락 날락! 어린이들이 찬양을 하는지 마는지! 권면하지도 않는다. 일단 찬양이 시작되면 돌아다니는 사람이 없어야 한다. 부장님들도 뒷짐 지고 "어떻게 하나 보자!" 구경하지 말고 더 열심히 찬양하자. 마지막으로 어린이 찬양팀을 보자. 강단에 찬양팀을 세우는 이유는 "저희들처럼 이렇게 찬양 하세요" 라는 의미가 있다. 그런데 본을 보이기는커녕 회중 어린이들보다 더 열정이 없고 오히려 예배에 방해꾼들이 되고 있다. 준비되지 않은 어린이들은 과감히 세우지 말자. 모든 일에 양보하고 칭찬과 격려는 아끼지 말되 예배만큼은 양보하지 말자. 어린이 찬양 현장 속을 들여다보니까 어떤가? 나는 속상하다 못해 화가 난다. 너무 부정적인 것이 아닌가? 라고 질문하시는 분들이 있을 수 있다 하지만 내가 논문을 쓰기 위해 직접 가서 본 모습들이다. 그런데 더 큰 문제는 모두가 다 잘 알고 있으면서도 아무 조치 없이 너무 당연한 모습으로 받아들이고 있다는 것이다. 요즘 뜨는 미스트롯과 미스터 트롯을 보면서 많은 사람들이 위로를 받고, 치유와 회복을 경험한다. 우리가 오히려 어린이들에게 찬양을 통해 이런 경험들을 하게 해야 하는데 말이다! 찬양(음악)이 어른들보다 어린이들에게 미치는 영향이 더 크고 민감하다는 사실을 알고 있는가? 찬양이 어린이들에게 미치는 영향은?

- 설교보다 더 큰 은혜를 받게 한다.
- 어린이들 마음을 빨리 열게 한다.
- 영감 있는 예배를 드릴 수 있다.
- 설교 중심의 경직되고 권위적인 분위기를 해소시켜 준다.
- 심신의 안정과 영적 기쁨을 제공해 준다.
- 하나님을 만나는 깊은 영적 상태까지 들어가게 한다.

찬양이 어린이들에게 미치는 영향이 이렇게 크다. 그런데도 장년 찬양과 예배는 모든 찬양과 예배를 대표하듯 철저히 준비하고 찬양인도자나 세션팀도 전문적이다. 그러나 어린이 찬양인도자나 반주자는 그렇지 못하다. 찬양 인도 할 사람이 없어서 담당 교역자가 한 두 곡하고 설교로 들어 갈 때도 있다. 어느 교회는 반주(세션팀)자가 없어서 음원으로 하는 곳도 많다. 아예 반주자가 있어도 키보드 한 대 놓고 하는 것보다는 음악 틀고 하는 것이 더 좋다는 생각을 한다. 나름 대안이긴 하지만 가능하면 반주로 해야 한다. 깊이 있는 찬양 인도에 한계가 있기 때문이다. 이렇게 찬양과 예배가 열악한 가운데 대책 없이 코로나19라는 핵폭탄을 맞았다. 지금 어린이 찬양과 예배는 무너졌다. 다시 제단을 쌓아야 한다. 지금도 늦지 않았다.

I. 노래와 율동에서 몸찬양으로

출애굽기 15장에서 미리암이 춤추며 홍해를 건너는 구원을 주신 그 놀라운 하나님의 역사에 반응하는 장면이 나온다. 이에 근거한 몸짓 찬양을 '몸찬양'이라 명명한다. 몸찬양의 정의는 "예수그리스도를 영접한 하나님의 자녀(남녀노소)들이 하나님 앞에서 온 몸으로 찬양드리며 하나님을 높여드리는 일체의 행위"이다.

필자는 갓스타찬양선교센터를 설립한 지 올해로 15년째이다. 가장 많이 질문받는 것이 "갓스타 단원들은 어떻게 찬양을 잘하고 은혜스럽게 하느냐"는 질문이다. 몸찬양이 답이다. 몸찬양은 신학적, 성경적, 신앙적인 바탕 위에 세워져 있다. 그래서 나는 몸찬양을 통해 인성, 영성, 지성, 감성을 평생 어린이들에게 지도해 왔다. 그 결과 자기 정체성을 깨닫고 변화 받아 찬양하며 주안에서 꿈꾸는 갓스타들이 되었다.

II. 아낌없는 지원

　교회에 실력과 영성 있는 사람들이 어린이 찬양과 예배를 섬길 수 있도록 하고 적극적인 관심과 격려 그리고 재정지원을 아끼지 말아야 한다. 지금 투자하지 않으면 다음세대는 세상음악에 다 빼앗길 수밖에 없다. 대부분의 어린이 찬양팀이 자비량으로 하는 것을 보았다. 나 또한 사비로 시작해서 찬양팀 회비로 운영했었다. 교회들이 교회학교 예산을 적게 책정하는 곳이 많기 때문에 교회학교에서 찬양팀 운영비까지 지원한다는 것은 쉬운 일이 아니다. 하지만 교회 형편이 아무리 어렵더라도 다음세대를 위하여 교회학교 예산을 넉넉히 잡아 찬양팀 운영비를 지원해 주어야 한다.

III. 좋은 찬양인도자

　현재 어린이 찬양인도자들 중에는 찬양 인도 교육 한번 받지 못하고 강단에 올라서는 교사가 대부분이다. 그런데도 현장은 전문적인 교육을 시키지도 않고, 인도자조차도 받을 생각을 하지 않는다. 그나마 열정이 있는 인도자들은 강습회나 세미나에 참석한다든가 장년 찬양인도자들 것을 좀 참고해서 나름 준비하는 모습이다. 하지만 과연 이렇게 해서 어린이들을 하나님의 임재 가운데로 인도할 수 있을까?
　예배의 성패는 찬양인도자에게 있다고 해도 과언이 아니다. 예배 첫

어려서부터 훈련 받은 갓스타 단원들 표정

시간에 제일 먼저 만나는 사람은 찬양인도자다. 그래서 찬양인도자 역할은 너무 중요하다. 한 주 동안 지은 모든 죄들을 회개하고, 어두움에 붙잡혀 있는 영혼들을 찬양의 능력으로 풀어주며, 굳게 닫힌 어린이들 마음을 하나님께로 향하게 하여 하나님을 느끼고 만나고 교제하게 해야 만이 비로소 인도자의 사명이 끝나는 것이다. 그런데 이 중요한 찬양을 인도하면서 교육 한 번 받지 못한 찬양인도자들을 강단에 세우고 있으니 얼마나 안타까운 일인가! 이제부터는 실력과 영성을 갖춘 전문적인 어린이 찬양인도자를 세워야 할 때다.

찬양을 인도하는 갓스타 단원들

IV. 어린이 찬양팀 세우기

민수기 3장 5절~10절을 보면 하나님이 모세에게 예배를 위해 아론과 그 아들들과 레위인들을 따로 세우셨음을 알 수 있다. 그러므로 예배를 위한 사역은 한 사람에 의해서 되는 것이 아니라 "팀 사역"이다. 하지만 팀 사역을 한다는 것은 쉬운 일이 아니다. 특히 어린이 찬양팀 운영은 어려운 점이 많다. 그러나 잘만 훈련시키면 찬양팀 어린이들의 은혜로운 모습을 매주 볼 수 있게 된다. 회중 어린이들도 찬양과 예배에 대한 인식을 새롭게 가지게 할 수 있으며, 찬양의 도전도 받고 예수님을 만나게 되는 역사도 있게 된다. 그리고 찬양팀 어린이들은 지속적인 여러 훈련들을 통하여 찬양의 활성화와 예배 회복을 시킬 뿐만 아니라 다음세대의 리더자요, 교회성장의 원동력과 활력소로 양육할 수 있다.

이상과 같이 제시한 4가지 대안들을 교회학교마다 실행한다면 아래와 같은 결과점에 다다르게 될 것이다.

- 찬양과 예배가 물 흐르듯 자연스럽게 진행될 것이다.
- 흐트러진 어린이들 마음이 하나님께 집중될 것이다.
- 매주일 찬양과 예배가 하나님께 온전히 드려지게 될 것이다.
- 어린이들이 지성소에서 하나님을 느끼고 만나고 헌신을 결단하게 될 것이다.
- 찬양과 예배가 회복되고 살아날 것이다.
- 어린이들의 삶이 변화될 것이다.
- 어린이들 스스로가 전도에 눈을 떠서 교회학교가 부흥될 것이다.

V. 변화의 기회

코로나19 사태로 교회학교가 반토막이 났다. 이제 그 변화의 때가 왔다. 교회학교 시스템 안에 개혁을 해야 하고 바꿔야할 것이 산더미 같이 많지만 천리 길도 한 걸음 부터라는 속담처럼, 하나 하나 성경에 조명하며 변화를 시도해 보자.

그 첫 단추가 노래에서 찬양이다. 가장 많은 시간이 소요되는 콘텐츠, 아이들이 스스럼없이 바로 받아들일 수 있는 콘텐츠 그게 찬양이니까.

당연히 찬양부터 정말 잘해서 하나님 앞에 어린이들을 세우면 2022년도 교회학교에 희망이 있다.

예전에 해오던 대로 유치원식 노래와 율동에 머물고, 찬양에 대한 개념없이 율동을 잘한다고 '찬양교사'로 세우는 우를 이젠 범할 수 없다. 범해서도 안된다.

고사리같은 손을 모으고 정성을 다하는 태도를 취하고 눈물로, 함박웃음으로 하나님을 인식하고 성삼위 하나님의 임재 속에 들어가는 어린이들을 상상해 보라. 정말 이 세상에서 천국을 맛볼 수 있는 자리가 되지 않겠는가.

성령 하나님께서 하신다. 우리는 그 분의 도구만 되면 된다. 거기서 내가 너와 만나고(출25:22) 라고 약속하신 '지성소 찬양' 한국 교회학교 아동부의 위대한 회복으로 꽃피어나길 두 손 모아 본다.

제 3 장
양주세계로중앙교회 아동부 찬양 사례 발표

송수경 전도사(합동개혁)

그리스도복음신학 신학과 졸
그리스도복음신학 신대원 졸
어린이은혜캠프 메인 워십리더(2010~현재)
서울SB워십팀 단장
양주세계로중앙교회 교육전도사
아동부 담당(2003년도~현재)
23집- 네가 만난 하나님
24집- 나는 하나님의 상속자
25집- 여호와를 기억하라
26집- 최고의가치 예수그리스도
주제곡 안무와 음반 자켓 디렉터

ssa5757@hanmail,.net
010-9981-7905

강의주요콘텐츠
-교사대학
 어린이찬양팀 운영과 훈련
 어린이찬양인도법
-어린이부흥회

　양주신도시는 대한민국 제2기 신도시 중 하나이다. 서울에 위치해 있던 기존 교회가 양주 신도시에 부지를 매입하고 새성전을 건축하고 코로나19가 막 시작되기 전 2020년 7월에 입당하였다. 세계로중앙교회는 코로나19의 그 혼란함과 위기 속에 신도시에 새로 입당하여 예상치도 못했던 혼란과 극심한 어려움을 겪으면서도 다음세대에 지대한 관심이 있는 류영모 담임목사는 필자를 교육전도사로 초청하여 전문 목회의 기회를 부여하였다. 필자는 이미 몇 곳의 아동부 사역과 한국교회 어린이캠프를 대표하는 교회학교성장연구소에서 개최하는 〈어린이 은혜캠프〉의 전속 찬양팀인 SB워십팀을 맡아 매주 토요일에 찬양팀을 지도하였다. 캠프가 개최되면 찬양인도를 맡아 캠프사역을 하였고 방학 시즌이 마쳐지면 세계로중앙교회에서 아동부를 맡았다. 어린이들의 찬양을 현장에서 직접 지도하면서 캠프와 교회 현장이 다를 바 없다는 걸 깨달았다. 무엇보다 하나님이 받으시는 찬양에 관해 눈이 열렸고 그 노하우도 습득되어 어린이도 어른처럼 찬양 중에 임하는 하나님의 놀라운 임재와 은혜를 경험하며 더 많은 교회가 이렇게 어린이들도 찬양하면 좋겠다는 생각이 늘 들었었다. 그 실제적인 내용을 드디어 공개하려니 하나님께 영광이고 심장이 쿵쾅거릴 정도로 기대가 된다.

I. 10명으로 시작

대부분의 교회가 그렇겠지만 세계로중앙교회 어린이들 역시 찬양의 개념보다 노래를 따라 부르는 정도의 수준이었다. 입당 이후 코로나19가 지속되는 가운데 우리는 몇 명 되지 않은 숫자의 어린이들이 장소와 시간을 나누어서 대면 예배를 지속하였다. 어려워도 방역수칙을 제대로 지키며 어린이들이 찬양과 예배 감각이 생겨나도록 기도하며 정성을 쏟았다. 사진에서 느낄 수 있듯이 코로나19의 위협도 있지만 일단 찬양 시간 그 15분 동안 매우 소극적이었다. 하지만 어린이들은 자기들끼리 있을 때는 목소리가 엄청나게 크고 난리에 난리일 정도로 극성스럽기까지 하다.

필자는 기도하며 기다렸다. 어린이들을 다그치지 않았다. 곡 선택에 신경을 더 쓰고 멘트도 거의 하지 않았고 찬양 중에 임하시는 하나님의 거룩한 은혜와 임재를 갈망하고 내가 먼저 그 임재 속에 가려고 마음을 다했다. 어린이들의 마음의 문이 열리고 입이 열리기까지 그리 많은 시

세계로중앙교회 아이들의 처음 찬양 시간

간이 필요하지 않았다. 점차 전도도 되고 주일 예배에 활력이 붙기 시작하며 아이들이 찬양 시간에 스스로 몸을 움직이기 시작했다. 매주 시간을 쪼개어 찬양 연습과 말씀 읽기 소모임을 가지며 몇 주의 시간이 지나자 유치부도 점차 모이기 시작했고 부모님들도 관심을 갖기 시작했다. 하나님의 응답이다. 그러면서 찬양팀을 구성하였다. 예배 드리며 기회가 될 때마다 교회로 모였다. 코

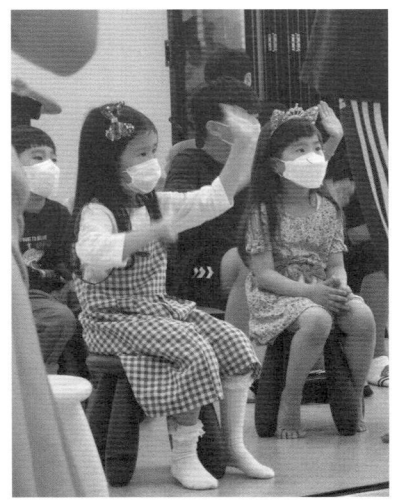

자발적으로 찬양하기 시작하는 아이들 표정

로나19 사태에 주눅 들지 않았다. 누구든지 찬양에 관심 있는 어린이들은 다 오게 했다. 결국 교역자의 관심과 기도 그리고 반복적인 찬양 훈련이 어린이 스스로를 변화시켜 갔다.

II. 15개월의 시간

필자가 세계로중앙교회에 부임하여 1년 3개월이 지나고 있다. 코로나19 와중에 하나님은 갑절의 갑절로 부흥을 주셨다. 맨 처음 입당하면서 아동부가 10명으로 시작하였다. 하지만 15개월이 지난 지금, 4배의

각종 체험훈련 사진들

배가 부흥을 주셨다. 그동안 정말 많은 일을 온 힘을 다해 진행해 왔다. 바닷가도 같이 가고, 체험훈련도 시켰으며, 모기와 벌떼 등과 씨름하며 산에서 천로역정도 하고 틈이 나는 대로 맛있는 밥도 같이 먹었다. 어린이부흥회도 개최하고 하나님과 동행하는 삶에서의 신앙 성장을 도모해 왔다. 참 귀한 은혜의 시간이 되었다.

  이 모든 것은 위기를 기회로 삼은 결과이다. 코로나19로 예배를 드리지 못한다고 할 때도 자꾸 모였다. 어린이들은 마침 학교도 못 가고 시간이 얼마나 많은지 툭하면 늦잠 자고 TV에 매달려 산다. 그래서 모이는 시간을 늘렸다. 요일을 나누고 시간을 나누어 다양한 프로그램을 가진 것이다. 꼭 교회에서 모이지 않았다. 필자의 집에서 혹은 선생님 집에서 소수라도 만났다. 모여서 말씀을 전했고 그들이 교회를 오고 싶도록 기도하며 격려하고 마치 그들의 부모라도 된 듯이 친근하게 대했다. 그 결과는 정말 놀라웠다. 아래 사진이 그 변화된 모습을 그대로 나타내어 준다.

코로나에도 다양한 장소에서 모이는 어린이들

　15개월의 시간, 잃어 버릴 수도 있는 기간을 필자는 오히려 하나님 앞에 어린이들을 세웠고 진정한 예수님의 작은 제자가 되도록 이끌었다. 그 중심에 하나님의 임재를 맛보는 찬양이 있는 것이다. 이젠 스스로 자발적으로 찬양한다. 더 감사한 것은 찬양이 열리니까 예배는 더 거룩하고 신령해졌다. 어린이들이 예배자로 바뀐 것이다. 어린이들 입에서 저절로 예배시간이 즐겁다고 고백한다. 주일이 되면 예배시간이 채 되기도 전에 먼저 교회로 오는 어린이들이 되었다. 할렐루야!

III. 놀라버린 부모

어린이들이 변화되는 걸 보고 하나님 다음으로 기뻐하는 분들은 부모이다. 교사가 아니라도 자녀들을 위해 식사도 준비해 주고 기도의 자리에서 함께 기도하며 중보자가 되었다.

학부모들의 모습

IV. 교사들의 기도회

필자는 교사들과 무슨 일을 하든 제일 먼저 기도회로 하나님께 나아갔다.

박연훈 목사께서 〈배가부흥세미나〉를 강의할 때 귀에 못이 박히도록 들었던 '기도회 개최'를 그대로 실천하였다. 사실 교사들이 함께 기도회를 나누던 그 오래 전에 검증된 사실을 잊어버리고 그냥 이런 저런 프로그램에 몰두하는 데 익숙해 버린 걸 그대로 둘 수 없었다. 선생님들과 어린이들이 다같이 각자의 파트를 나누어 헌신예배도 드렸다. 기도, 성경통독, 사회자, 특송까지 각각 나누어 참여하게 하였다.

배가부흥 세미나 모습

V. 다양한 제안

　찬양팀은 매주 시간을 정하여서 꾸준히 연습하는 것이 중요하다. 그리고 예배시간에는 매주 한 곡이라도 예배에 참여한 모든 어린이들이 몸찬양을 숙지하도록 이끄는 것 또한 중요하다. 어린이들이 예배실에 입실하면 우리 어린이들은 하나님께 기도하고 예배를 준비한다. 물론 찬양단 어린이들은 10시 10분 전부터 도착하여 복장을 갖추고 기도로 준비한다. 주일 소요되는 찬양시간은 15분 기준으로 5곡 정도 진행을 하며 찬양팀은 매주 10시부터 몸풀기와 예배를 준비하며 일찍 오는 아동부 친구들에게도 동작을 가르쳐 주기도 하고 더 많은 곡들을 알려준다. 이렇게 찬양팀이 먼저 은혜를 받은 후 11시에 시작하는 주일 어린이예배는 뜨겁게 하나님을 찬양 하는데 온 마음을 다하게 된다. 양주세계로교회에서 부르는 곡은 대부분 두 종류로 구분된다. 하나는 복음적이며 경쾌하고 가사 내용이 단조로우면서 말씀으로 이루어진 내용이거나 또 하나는 엔딩 곡이다. 매월 1곡의 워십곡을 정하여 반복하여 맨 끝에 한 곡을 반복하여 부른다. 그러다 보니 2~3주가 되면 입에 딱 붙어 저절로 전주만 나와도 흥얼거리며 하나님을 높이며 그 임재 속에 들어간다. 찬양드리는 순서는 이렇게 정했다. 첫 곡은 천지창조이다.이 곡은 매주 첫 곡이다. 작년에는 신구약목록가였다. 창출레민신 수삿룻삼하왕하대하 스느에 욥시 잠전아 사렘애겔단 호욜암옵욘미나합습학슥말...

　우리 아이들은 성경도 잘 찾고 신구약 목록을 익숙하게 뛴다. 그리고 두세 곡을 절기와 설교 주제에 맞추어 부르고 엔딩곡은 매월 한 곡씩

바뀐다. 엔딩곡의 선곡 기준은 성부성자성령 하나님께 예배하고 하나님을 높여 드리는 가사이다. 가사가 곧 성삼위 하나님께 대한 고백이며 어떨 땐 기도의 내용이기도 한다.

   2021년도 1월부터의 엔딩곡은 다음과 같다.
   1월 주님의 손
   2월 내 마음의 한자리
   3월 나의 손 높이 들면
   4월 눈물
   5월 예수 사랑 하심은
   6월 하나님 난 이젠 알았어요
   7월 이 시간 두 손 모아
   8월 예수님 예수님
   9월 예수님의 눈먼 사랑
   10월 성령님 내안에
   11월 사랑하는 주님께
   12월 십자가 그 사랑

이렇게 찬양하다보면 초등학생 6년 동안에 총 72곡을 술술 암송하여 부를 수 있게 된다. 더 놀라운 것은 찬양 중에 거하시는 하나님을 매주일 체험한다는 것이다 (시22:3). 기존의 아동부 친구들은 이미 캠프를 통해 기도훈련도 충분히 받아 대부분의 어린이들이 방언도 하고 성령세례에 대한 확증을 가지고 있다. 물론 교회에서 방언이나 성령세례를 강요하거나 고집하진 않는다. 그러나 세계로중앙교회 아동부 친구들은 기도의 문이 열려서 새로 등록한 친구들도 통성으로 기도하도록 기도의 돕는 사역도 같이하고 있다.

VI. 찬양단 훈련 노하우

코로나19 이전까지 SB찬양단 어린이들은 모두 35명이었다. 코로나19가 시작되면서 점차적으로 인원이 줄고 졸업도 시키고 현재 13명이 되었다. SB찬양 단원들에게는 특별히 수료 시간을 정해 놓진 않았다. 성장할수록 찬양인도자 또는 후배 양성자로 함께 하고 있다. 그러나 각자의 목표지향성대로 졸업하기도 하고 코로나가 장기화 되면서 어쩔 수 없는 졸업을 선택하기도 하여 현재의 인원만 남게 된 것이다. 그래도 각종 필요행사에는 함께 하기도 한다. 여하튼 현장에서 훈련하고 사역하고 있는 SB들은 나와 직접 매일 성경 통독을 한다. 성경통독을 시작했던 이유는 코로나19가 시작되며 유튜브 촬영을 하는데 많은 친구들이 성경을 더듬거리고 책을 소리 내어 읽는 것이 서툴다는 것을 알게 되었다. 그래서 그동안 훈련하던 쓰기와 큐티를 내려놓고 통독을 시작하게 되었는데 어린이들이 성경 통독을 한지 6개월 만에 문장 이해와 말투가 달라지기 시작하였다. 통독은 매일 저녁 9시에 ZOOM으로 만나서 교독 형태 및 각각 3절 5절 10절을 돌아가며 읽기도 하고 본인이 읽고 싶은 만큼 읽다가 갑자기 다른 사람을 호명하여 넘어가기도 한다. 여러 방법을 시도해가며 통독을 이어온 지 1년이 넘었다. 통독을 마치면 읽은 내용을 스토리하기도 하고 부분적으로 해설하기도 한다. 또한 은혜받은 구절들을 나누고 느낀점을 공유하며 자신의 삶을 다짐하고 결단한다. 음악을 켜고 통성으로 각자의 자리에서 통성으로 기도하고 기도제목을 나누기도 하며 영성을 갖추고 영적인 자세를 키워가고 있다. 본인들도 영적인 성장이 있다 보니 지금은 더욱 적극적인 자세로 임한다. 그들이 먼저 준비하고 기다리기도 하지만 때론 내가 개인적인 일이 있거나 용무가 있을 때는 SB 선배들이 돌아가며 통독반을 이끌어주기도 한다. SB찬양단 멤버들은 찬양하는 모습도 멋지지만 찬양이라는 사역을 감당하기 위해서는 영적인 실력을 갖추고 준비하는 것도 너무도 중요하다고 가르치고 있다.

1) 연습전 예배드리는 모습

2) 연습은 실전처럼 전심을 다해서 한다.

3) 사역은 멋지게 감당하여 하나님께 영광 올려드린다.

4) 기도하는 SB찬양단

그들의 실력은 처음부터 갖추어서 입단한 것이 아니라 음치도, 박치도, 몸치도 기도와 노력과 하나님의 관심 안에서 변화된다는 사실을 우리는 몸소 체험하였다. 지금도 우리는 늘 나를 뒤돌아 볼 줄 아는 사역자이며, 이웃을 돌볼 줄 아는 사역자이고, 교만하지 않고 모든 사역에 최선을 다하는 실력자가 될 수 있었다.

5) SB들의 통독하는 모습

6) 큐티 통독하며 인증샷 보내기 사진

VII. 결언

한국교회 아동부가 다시 회복됨에 있어서 찬양 회복은 그 첫 단추라 나는 확신한다. 말씀으로 영혼을 치유하고 깨우며 회복하는 과정이 '성소 청소'라고 칭한다면 찬양은 뜰을 청소하고 성소로 들어가기 전 전야제와 같은 1차 영적인 전쟁을 치르는 것이라고 말하고 싶다. 그러하기에 찬양시간을 허술하게 지나가는 것이 아니라 전심으로 설교자가 설교를 준비하듯 찬양인도자와 찬양팀은 서론, 본론, 결론으로 청중의 마음을 붙잡고 그들의 마음을 열고 결단하게 하는 능력이 있어야 한다는 사실을 강조하고 싶다. 찬양으로 인하여 예배의 승패가 좌우한다는 사실을 부인할 수 없다. 교회 크기가 다르고 교단이 달라도 어린이들도 좋은 곡을 선별하여 하나님을 격찬할 수 있고 하나님께 영광 돌릴 수 있는 지성소 안으로 들어가야 한다. 그래서 나는 어린이 찬양을 "지성소 찬양"으로 명명한다. 기성세대들은 뜨거움이 있었다. 그들에게는 기도와 말씀이 살아 있었고 간절함이 있었다. 그러나 코로나19가 다가오자 뜨거움이 가득하던 기성세대들도 하나둘씩 예배가 예배되지 못하고 무너져 가는 현실을 여러분은 눈으로 보았다. 그렇다면 다음세대인 우리 자녀들에게는 무엇으로 뜨거움을 나누고 무엇으로 그들의 영혼을 깨우며 어떻게 이 시대에서 그들을 분별된 자리에 하나님이 거하시는 곳에 이끌 것인가? 내가 만난 하나님을 전하고 최고의 가치 예수그리스도를 높이며 여호와를 기억하여 하나님의 상속자가 된다는 것….우리 다음세대들이 알 수 있도록 찬양으로 외치고 깨울 것이다.

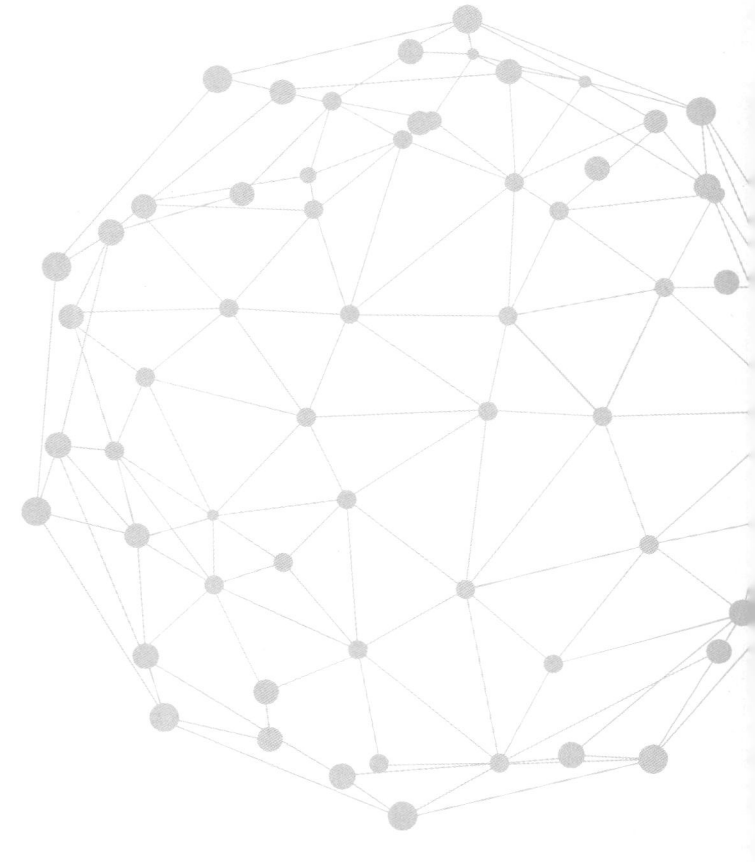

Chapter Two 찬양 회복

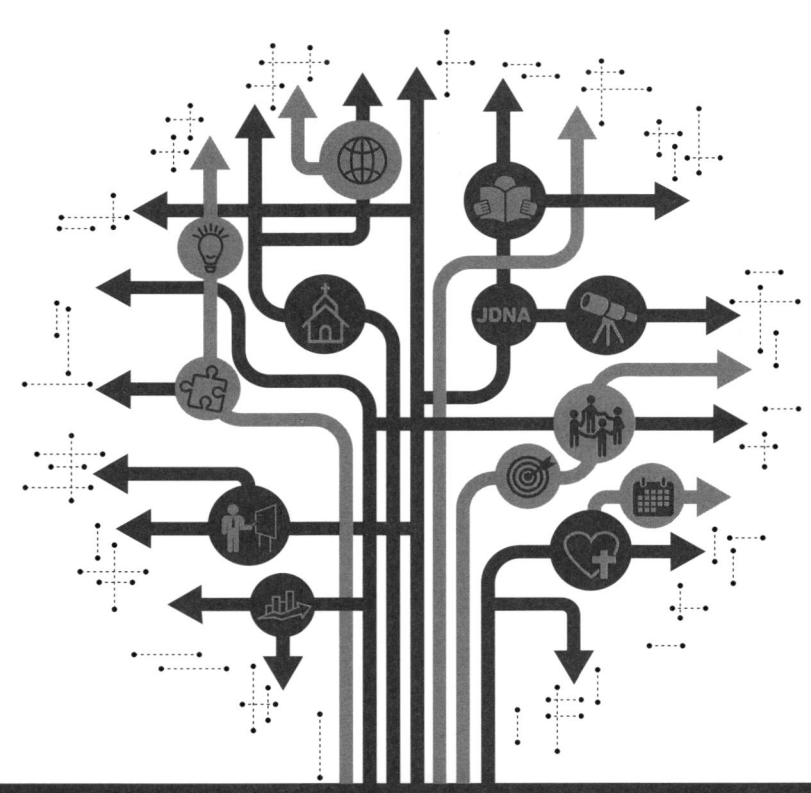

Chapter Three

예배 회복

제1장 어린이도 예배 잘 드려야 한다
제2장 아이들도 좋은 설교를 원한다
제3장 성령께서 이끄시는 예배

제1장
어린이도 예배 잘 드려야 한다

박연훈 목사(기감)

협성대, 총신대 신학과 졸
감신대선교대학원 졸
미드웨스트 음악석사
에반젤 음악박사

프레이즈예술신학교 설립자
교회학교성장연구소 소장
어린이은혜캠프 1996년부터 개최
다음세대부흥본부 본부장

praise7070@daum.net
010-2281-8000

강의주요콘텐츠
-교사대학
-학교앞전도, 반목회, 교사부흥회, J-DNA 시스템 등
-어린이부흥회
-온가족부흥회

　마틴 로이드 존스 목사에게 뜻하지 않았던 질문이 던져졌다고 한다. "목사님이 드린 평생의 예배에서 정말 제대로 드린 예배는 몇 번이나 되는지요?" 이 질문에 답은 10여회 정도였다.
　그렇다면 나는 ??? 과연 몇 번의 예배를 하나님께 제대로 드렸는지 볼 때 사실 손꼽아 본다. 나에게 있어 가장 기억이 남는 예배는, 22살에 상무대 군인교회에서 드린 예배이다. 5.18후 작전 나갔다가 2주 간 참호에서 저 멀리 종탑을 바라보며 땡그렁 땡그렁 소리에 혼자 그렇게 두 주를 건너 뛰고 광주 보병학교로 무사히 철수하여 상무대 군인교회에서 드린 예배..."빛나고 높은 보좌와 그 위에 앉으신..." 찬양이 아직도 내 귀에 생생하다. 여러분은 성경을 몇 퍼센트 믿는가? 이런 질문을 해 보는 현실이 너무 괴롭지만 이것이 교회학교 아동부에서 사춘기 전에 어린이들에게 아멘 되어야 한다. "나는 하나님의 말씀인 성경을 100% 믿는다"라고 해야한다. 그런데 세상이 뒤숭숭해져서 그런지 크리스천 중에 성경을 그대로 믿는 통계가 자꾸 떨어진다. 현대판 바울로 유명한 이정훈 울산대 교수는 PLI애니 역사2강에서 800명을 대상으로 조사한 설문조사 결과에서 "성경에는 오류가 없다.", "예수 외엔 구원이 없다"라는 항목에 40%만이 성경을 믿는다는 충격적인 결과를 참담한 심정으로 밝혔다. 길거리에 다니는 사람들에게 무작위로 질문한 것이 아니라 교인이라고 자처하는 성도들로 하여금 받은 결과라 더 충격적이다. 어쩌다가 이 지경에 까지 다다르게 되었는가?

"예수께서 제자들 앞에서 이 책에 기록되지 아니한 다른 표적도 많이 행하셨으나 오직 이것을 기록함은 너희로 예수께서 하나님의 아들 그리스도이심을 믿게 하려 함이요 또 너희로 믿고 그 이름을 힘입어 생명을 얻게 하려 함이니라" - 요한복음 20:30~31 -

만약에 하나님의 말씀을 일부는 믿고 일부는 믿지 않는 이에게 주어지는 심판을 아는가? 생명나무와 거룩한 성에 참여함을 제한다 (계 22:18~20). 교묘한 술수와 마귀의 술수에 속아 가증스러운 이론에 빠져든 학자와 성도가 많은 세상이다. 2022년도 교회학교가 하나님 말씀 위에서 든든히 세워진다. 자 그럼 본격적으로 교회가 교회로서의 본질을 완수하는 예배를 지향한다.

I. 세 형태의 주일 어린이예배

몇 년 전만 해도 교회학교 아동부 주일 오전예배는 대부분이 오전 9시였다. 그리고 예배 순서가 어른 예배 즉 전통적 예배 순서를 비슷하게 옮겨왔었다. 하지만 지금은 세속화되고 편리주의에 빠져서인지 어른 예배에 아이들 예배를 동 시간대에 드리는 교회가 많아졌다. 자녀의 손을 잡고 교회에 와서 엄마 아빠는 대예배실로 어린이들은 자기들 부서로 헤어지는 것이다. 이것이 현실이다. 또한 학년제 무학년제를 따지기도 전에 하도 숫자가 줄어 자연스레 1학년부터 6학년까지 몇 개의 반으로 편성하여 운영하는 지경에 이르게 되었다. 이런 상황 속에서 주일 어린이예배는 60분이라는 압박을 받으며 바쁘게 드려진다. 예배 공간이 협소한 교회는 더 분주하고 바쁘다. 어른 예배가 마치는 시간에 어린이 예배도 종료되어야 다시 부모의 손에 이끌려 귀가하기 때문이다. 자 그럼 어떻게 생동감 넘치는 예배를 드릴 수 있겠는가. 그 해답을 가지고 2022년도에 들어가야하지 않겠는가. 그러기에 더 완벽하고 철저한 예배 준비와 예배 인도가 요구되는 것이다. 대충 할 수 없다. 그러다 이렇게 망가졌으니 말이다. 예배 순서는 보편적으로 세 가지 형태로 드려진다.

1. 열린예배

예배실에 입실하자마자 찬양으로 하나님께 나아간다.
-찬양
-대표기도

-설교

-주기도문(목사가 있을 경우 축도)

-반목회(반목회에서 광고한다)

-폐회

2. 전통예배

전형적인 예배 순서를 가지고 하나님 앞에 나아간다.

-예배 전 찬양

-예배의 부름

-경배찬양

-교독문

-성삼위영가

-대표기도

-성경봉독

-성가대 찬양

-설교

-찬양

-헌금

-광고

-주기도문(축도)

-반목회

-폐회

3. 온가족예배

최근 온세대예배, 온가족예배, 통합예배 등으로 불리며 다음세대와 어른이 함께 예배를 드리는 교회가 늘고 있다. 한 동안 교계에서 주일학교 부흥으로 조명을 받고 지금도 애쓰고 있는 당진 동일교회(이수훈목사) 같은 경우는 매우 독특한 형태이다. 8:50~10:10에 온가족예배를 드리고 따로 10:20~12:10 분반공부 시간을 가지고 있다. 정말 엄청난 시간 투자이다.

주일F.C
부모님과 지역가족이 함께하는 주일모임입니다. (모여진 공동체) 지역별로 흩어져 활동하던 지역FC가 주일에 전체 FC로 모입니다.

예배구성	· 주일 1부 예배를 가족과 함께 드립니다. · 1부 예배 후 2부순서로 13개 지역별 소그룹실로 흩어져 활동을 합니다. 이 시간은 성경말씀을 배우고, 말씀에 관련된 협동학습을 함으로 예수님 안에서 한 몸임을 알고 서로 사랑하는 관계로 나아가도록 돕습니다. · 지역별 소그룹활동 후 식탁교제를 하고, 귀가합니다.
예배시간	주일 1부 08:50~10:10분 / 2부 소그룹 활동시간 10:20~12:10

출처 동일교회 홈페이지 http://jesuscountry.net/wp/?page_id=159&bid=3

하지만 위의 세 예배 형태 중 대부분의 교회가 열린예배 형태로 예배한다. 필자가 지난 6년간, 7교회를 섬길 때 모두 열린예배 형태로 드리고 있었다.

II. 15분, 20분, 15분의 승부

교회의 첫 번째 기능은 예배이다. 적어도 일주일에 단 한번 드려지는 주일 어린이예배에서 아무리 적어도 세 번의 감동이 예배자의 심장에 터져야 한다. 모태신앙인 필자가 중등부로 등반되면서 11시 대예배 즉, 장년예배에 처음 참석했을 때의 감동은 지금도 생생할 만큼 충격적이었다. 대표기도 하시던 옆집 사는 권사님의 눈물의 기도, 성가대의 아름다운 하모니, 여기 저기서 터져 나오는 목사님의 설교에 대한 성도들의 자연스러운 반응들...나는 정말 궁금했었다. 교회학교 아동부에서는 왜 이런 진짜 예배를 드리지 않았는지 그저 맛난 간식에 재밌는 프로그램과 노래와 율동에 만족해야 했으니...이 오래된 궁금증은 지난 6년의 실제적 교육디렉터 사역, 코칭디렉터 사역을 통해 완전히 해소되었다. 그래서 자신있게 15분 찬양, 25분 설교, 15분 반목회의 승부를 제시한다. 60분 동안 결국 찬양+설교+반목회이다. 이 세 가지에 능통한 교회학교가 이제 회복되고 부흥한다.

1. 찬양 15분

어린이도 찬양 중에 거하시는 성령을 느낄 수 있고 하나님의 임재를 맛보아야 한다. 이를 위해 밴드가 있던 영상을 스크린에 보여주며 따라 하든 리허설이 필요하다. 찬양에 관하여 앞 챕터에서 충분히 거론하고 사례발표까지 하였다. 2022년도에 아동부의 회복을 진정으로 원하고 바란다면 교사들과 방송 스텝이 충분한 리허설을 해야 한다. 특히 어린이들이 많이 모이지 않아 영상으로 찬양시간을 진행할 경우에는 더 세심한 준비가 필요하다. 방송실에서 컴퓨터를 차질없이 단 한번의 실수 없이 음원과 PPT를 운영해야 하기 때문이다. 약15분 동안 교사와 어린이들이 찬양하는 시간 동안 교사는 어린이보다 더 열심히 열정적으로 찬양에 몰입해야 한다. 아이들은 교사의 찬양하는 태도와 자세를 보고 배우니까 말이다.

찬양 배열의 예를 들어 보자.

멘트 : 우리 하나님께 최고의 찬양을 드립니다. 모두 자리에서 일어나 천지를 창조하신 창조주 하나님을 높여 드립니다.
첫곡 : 2022년의 찬양 천지창조
두 번째 곡 : 아름다운 마음들이 모여서 / 몸찬양하며
세 번째 곡 : 돈으로도 못가요 / 몸찬양하면서
네 번째 곡 : 천국은 마치 / 몸찬양하면서
멘트 : 우린 모두 천국 갈 수 있는 하나님의 자녀입니다. 아멘? (아멘!) 조용히 자리에 앉아 이 달의 찬양 "예수님 만나고 싶어요" 찬양합니다.

-찬양이 마쳐질 즈음, 대표기도자 나와서 이어서 기도로 연결된다. (이 흐름이 어린이들에게 자연스럽게 숙지되고 훈련되면 늘 은혜의 찬양시간으로 성령께서 역사하신다)

어캠에서 수백 명의 어린이들을 이끄는 SB워십팀

다시 한번 강조한다. 곡선택 그리고 모든 시선을 하나님께 향한다는 것, 인도자나 어린이들이 잊으면 안된다. 이젠 더 이상 노래와 율동 게임식, 유치원식 노래는 아웃이다.

2. 설교 20분

어린이 설교가 어려운 이유는 말씀을 전달하는 방법이 어렵기도 하지만 그 이전에 어린이들의 시선을 잡아야 한다는 특이성 때문이다. 어른은 이미 설교를 들을 준비가 되어 있다. 그 누구 하나 담임목사님의 설교 중에 함부로 왔다 갔다 하거나 옆 사람과 떠들지 않는다. 조용히 정면을 주시한다. 간혹 주보를 뒤척이거나 화장실을 들락거리는 경우가 있긴 하지만 대부분 그렇다. 하지만 어린이들은 그렇지 않다. 말씀을 들을 준비가 되어 있지 못하다. 그러기에 말씀을 들을 준비를 동시에 시키면서 어린 영혼들에게 하나님의 음성을 선포해야 하기 때문에 더 어려운 것이다. 그런데 그렇게 하지 않고 너무 쉽게 어린이설교를 대처하는 경우가 허다하다. 설교 원고를 보고 줄줄 읽는 설교, 순서에 따라 오늘은 장로님, 다음 주는 부목사님의 설교로는 어린이들의 영혼을 휘어잡을 수 없다. 어린이들도 아멘 아멘하며 흡입하는 설교를 해야 한다. 이를 위하여 충분한 기도준비, 간결하면서도 회중을 압도하는 메세지 전달의 능력을 갖추어야 한다. 어린이들의 시선을 단번에 끄는 PPT, 영상 등으로 멀티미디어 설교를 해야한다.

어캠에서 포인터로 PPT를 작동하며 설교하는 필자

다음세대부흥본부는 홈페이지에서 1년 52주 PPT설교를 제공한다. 복음에 바탕을 둔 인물설교, 신구약 통독설교, 교리설교 등등의 설교를 선택하여 개체교회에 맞게 사용할 수 있다.

바닥도 좋다. 아이들과 소통이 잘 되면 -당진감리교회 초등부-

3. 반목회 15분

　교회를 축소한 작은 교회가 반목회이다. 분반공부의 개념을 잊어야 한다. 처음부터 언급했듯이 학교라는 이미지를 빨리 벗는 것이 어린이들의 질적 성장과 제자 양육에 옳다. 코로나19 대유행기간 동안 직분자 자녀들만 남아 있고 그 절친들이 교회에 남아 있다. 그러므로 2022년도에는 남겨진 이 아이들을 찬양으로 뜨겁게 성령으로 충만하게 말씀으로 튼튼하게 키워야 한다. 숫자적 부흥은 곧 온다. 질적 성장이 되어야 가능한 일이다. 그래서 2022년도에는 교회학교 운영에 내실을 기하자는 강조를 하고 또 하는 것이다. 결국 반목회에서 교회학교 회복의 승부가 나고 영적 성장이라는 열매가 맺는다. 이를 위하여 담임교사의 전문성을 높여 일년직에서 다년직으로의 전환, 지속적인 교사대학을 통한 실력 향상이 필요하다.

III. 결언

예배! 이스라엘 백성들이 430년간 종살이를 하게 된 그 출발점을 성경은 아브라함의 예배 실수라 한다.

> 10 아브람이 그 모든 것을 가져다가 그 중간을 쪼개고 그 쪼갠 것을 마주 대하여 놓고 그 새는 쪼개지 아니하였으며
> 11 솔개가 그 사체 위에 내릴 때에는 아브람이 쫓았더라
> 12 해 질 때에 아브람에게 깊은 잠이 임하고 큰 흑암과 두려움이 그에게 임하였더니
> 13 여호와께서 아브람에게 이르시되 너는 반드시 알라 네 자손이 이방에서 객이 되어 그들을 섬기겠고 그들은 사백 년 동안 네 자손을 괴롭히리니
> 14 그들이 섬기는 나라를 내가 징벌할지며 그 후에 네 자손이 큰 재물을 이끌고 나오리라
> -창세기15:10~14

두렵지 않은가? 어린이도 예외는 아니다. 예배 똑바로 드려야 한다. 그 책임은 교육목회자와 부장 교사가 아닌가? 신령과 진정으로 예배드리는 자를 찾고 계시는 하나님께 우리가 응답하자, 할렐루야!

제 2 장

아이들도 좋은 설교를 원한다

이동진 목사(합동)

대구대, 총신 신학대학원 졸

한국어린이부흥사협회
동탄영광교회 담임

교회학교성장연구소 주강사
다음세대부흥본부 사무총장

rafa0191@hanmail.net
010-2540-0533

강의주요콘텐츠
 - 교사대학, 헌신예배
 - 어린이 부흥회
 - 라파도사 에어바운스

　필자가 처음 어린이설교를 한 때는 1998년 고등학교를 졸업하고 대학시절 선교단체인 한국대학생선교회에서 훈련을 받으면서부터 시작을 했다. 당시만 해도 주일학교 오후예배가 있어서 교사들이 돌아가면서 오후에 설교를 인도하는 시간을 가지게 되었다. 처음에는 사영리로 시작하여 '풍성한 삶을 누리는 삶'이라는 소책자로 순모임을 하는 식으로 아이들과 말씀을 나눴다. 그때만 해도 학교 앞 전도가 활성화되어서 토요일 학교 앞 전도는 완전 황금어장이었다. 그 때 나는 아이들의 영혼을 향한 나의 열정을 발견하게 되었다. 단순히 간식을 나눠주는 일부터 시작해서 막대풍선으로 여러 가지 동식물을 만들어주는 것은 기본이었고 심지어 삐에로복장을 입고 판토마임을 해보기도 하고 온갖 퍼포먼스에 레크레이션을 따로 배우지 않아도 그냥 내 본모습 그 자체가 말썽이로 그 당시 학교 앞을 주름잡으면서 조직적인 마인드로 아이들을 끌어 모았다. 새친구들이 다 그런 것처럼 아이들은 재미가 있는 설교나 게임 활동에 제일 빠른 반응을 하는 시기여서 레크레이션 강사처럼 재미로 시작해서 재미로 끝날 정도로 아이들은 즐거워했다. 그러다 보니 참 많은 전도가 되어서 각 학년반에 10명씩은 소화해내야 하는 과제가 주어지기도 했다. 그러면서 분반 공부시간인 총회 공과를 가지고 점차 말씀 전하는 기술이 늘어간 것이라고 단언 할 수 있겠다. 가르치는 은사가 각별히 있다 할지라도 이러한 연습과 훈련의 시간을 통해서 우리는 하나님의 동역자가 되어가는 것이기에 누구에게나 그 문은 열려있다고 볼 수 있다.

I. 설교에 대한 기폭점 몇 가지

어린이 설교를 시작한지 어언 23년이 지나 지금은 개척교회의 전체 예배의 설교를 감당하는 40대 초반의 담임목사가 되어보니 '설교에 대한 기폭점이 몇 번 있었다'라는 생각을 하게 된다.

설교, 특히 어린이설교는 바로 꽃을 피우는 단계와 같이 설명할 수 있겠다.
처음 어린이설교를 할 때에는 씨앗을 흩뿌리듯이 닥쳐진 상황에 도전하듯 순서가 되니 막 해내는 식의 설교였다.
주일학교 오후예배가 진행되었던 그 때, 이 설교의 순번 차제도 부담스러워하는 교사들의 순번이 다가오면 언제나 내가 그 자리를 매꿔가면서 설교의 횟수를 늘려가는 식이었다. 아직 신학생도 아니고 하다 보니 참 실수가 많았던 때로 기억이 난다. 독자들도 그럴 것이다. 누구에게 배운 적 없는 설교를 하다 보니 선지자적인 요소가 너무 많았다고 생각이 든다. 지금도 기억나는 본문 중에 잠언 12장 1절 말씀이 기억이 난다. '훈계를 좋아하는 자는 지식을 좋아하거니와 징계를 싫어하는 자는 짐승과 같으니라'. 지금도 그렇지만 유치부부터 초등학교 6학년까지 앉아 있고 다들 간식과 재미를 따라 교회에 몰려 온 아이들이니 얼마나 말을 잘 안 듣고 예배 시간에 떠들었겠는가? 본문을 두고 말 안 듣는 아이들에게 감정이 쌓인 터라면 어느 누가 듣기 좋은 설교를 하였을까?

 이렇게 씨앗을 흩뿌리는듯한 설교는 말씀을 받는 자가 길가이거나 돌짝 밭이거나 가시덤불이기 이전에 전하는 자가 이미 씨를 아이들의 마음 밭인 흙에 뿌리지 못하는 경우가 아니었던가? 돌아보게 된다. 그러면서 느낀 것은 좋은 설교, 특별히 원래 아이들의 특성을 잘 이해하고 아이들을 잘 다루며 설교를 잘 들을 수 있도록 하기위해서는 그냥 흩어 뿌리는 설교는 금물이라는 것을 깨닫게 되었다. 어린이설교는 '설교자 본인이 잘 준비되어야 하고 아이들의 귀가 열리고 아이들의 눈이 다른 곳을 향하지 않게 잘 인도해야 된다'라는 생각을 하게 되었다. 이런 일련의 과정을 거치면서 군대에 가서 군종병으로 또 종종 병사들을 대상으로 설교를 하다가 군대를 제대하고는 다니던 일반대학교의 마지막 학년을 졸업하고 나는 대구에 있는 대신대학교에 편입학을 하게 된다. 그리고는 초년생의 전도사 생활을 시작하게 된다.

어린이 마음밭에 씨를 뿌리는 연습이 시작이 되었다.

설교를 잘 하던 못 하던, 하나의 중요한 맥이 있다면 설교자의 열정이다. 말씀의 씨앗이 다른 곳에 떨어지지 않고 마음밭인 흙에 떨어지게 할려는 의지와 노력 역시 말씀 사역에 대한 열정이 아니고서는 불가능한 일이다. 어린이 사역의 방향을 정한 이후에 이 말씀 잘 전하고 싶은 열정은 시청각자료에 관심을 가지는 계기가 되었다. 말로만 하는 설교로 아이들의 집중력과 이해를 다 시키기엔 역부족이라는 생각에 그 당시는 아직 완전한 디지털의 보급이 안 이뤄졌기에 아날로그 형태의 칠판이나 화이트보드판 융판을 통한 그림설교까지는 있었는데.... 아직 PPT는 쉬운 일이 아니었다. 그러할 때에 틈틈이 시간이 날 때마다 노가다(?)도 하고 통닭집 아르바이트를 해서 경비를 모아 노트북을 하나 장만하고 나만 보고 할 수 없기에 프로젝터를 300만 원이나 또 주고 사서 '시청각자료를 디지털로 활용하겠다' 하고는 PPT 설교를 시작했다. 지금이야 눈감고도 만드는 것이 PPT이고 교육자료가 많아서 활용이 가능하나 그 당시는 쉽지않은 상황이라 설교를 계획하고 원고의 가닥을 잡고 PPT를 만드는 일에 거의 밤을 새서 주일을 맞이하는 날이 허다했다. 이런 열정의 수고를 보신 하나님은 급속도로 디지털시대의 문을 열어주셨고 설교를 향한 끊임없는 훈련은 누구보다 빠르게 설교를 만들어내는 시간단축의 은혜를 경험하게 되었다. 그 당시 PPT 설교를 하고 싶지만 시간이 너무 많이 빼앗긴다는 이유로 어린이설교를 해야되지만 쉽게 도전하기 어려운 시절인지라 그나마 '말씀의 씨앗이 아이들에게 전달된다'라는 느낌은 많이 받게되었다. 그래서 그 열정이 디지털시대와 더불어 이제는 영상으로 넘어오게 되었다.특히 일상의 모습을 담아서 설교의 예화로 쓰기 시작하면서 나의 영상설교의 역사는 시작이 되었다. 그 어느 때보다 설교는 호소력이 짙은 마음의 감동과 변화가 아이들에게서 많이 일어났다.

결국 '하나님의 말씀을 머리로 이해는 하지만 머리가 깨달아져서 행동이 변하는 것이 아니라 성령으로 마음이 감동이 되면 몸이 움직이게 된다'라는 원리를 깨닫게 되었다.

생동감 있고 실시간 설명을 위한 글자 몇 개가 아닌 일상의 사연이나 사건들의 사진과 영상은 같은 주제를 두고 여러 가지를 생각해보면서 하나님이 이 사건을 통해 말씀하시는 것, '우리는 이럴 때 어찌하면 좋을까'라는 대화식의 설교를 아이들의 마음속으로 당겨왔다. 그러면서 사역의 년수를 더해가다 보니 동료 사역자들 중에 여름성경학교 시즌의 말씀 강사로 또는 아이들을 기독교정서에서 재미있게 놀아줄 레크레이션 강사가 많이 있지 않아서 내가 전도사로서 그런 역할을 잘한다고 하여 강사로서의 사역이 시작이 되었다. 지금도 그렇지만 여름사역의 시즌은 일 년 중에 7월 말과 8월 초까지 집중되어 있다보니 하루에 거의 2시간씩 4개 교회를 연속해서 방문하는 일도 일어나게 되었다. 때로는 찬양인도, 때로는 레크레이션강사, 설교강사, 무엇보다 특화된 부분은 감성을 어루만지며 열정을 쏟아붙는 뜨거운 기도인도로 지역에서는 개인적으로 두각을 드러내고 있었다. 그러다 보니 사역을 하는 본교회에서도 인적 물적 지원이 많아지면서 더 풍성한 사역을 시작하게 되는데 주일학교의 부흥은 역시나 교사를 많이 확보하고 다채롭게 아이들을 돌봐주는 일이 기본이라 보여진다. 예배시간을 위해 다른 중고등부들의 찬양팀 결성을 돕고 악기를 가르쳐서 1군 2군으로 훈련시켰고 율동팀을 만들어서 역동적인 찬양의 시간을 가지게 되면서 매주 예배는 축제가 되었고 새 친구들도 많이 모이게 되었다. 갈수록 차량운행도 늘려야 하고 간식도 늘려야하는 상황에 지금도 생각하면 내가 사역한 교회 가운데 참 사랑을 쏟았고 또 부흥의 결과를 맛본 교회로 기억이 된다. 무엇보다 한결같이 시청각 PPT와 영상설교에 매진하고 폭발적인 기도의 훈련으로 매 예배가 어린이부흥회같은 시간이었다. 역시 부서가 부흥을 경험하게 되면 사역자의 보람도 있지만 함께하는 교사들의 사기와 믿음도 충전이 되어 하나님의 기쁨이 되는 공동체가 되고 함께 더불어 성장하는 기쁨이 있는듯하다. 그러는 중에 내가 만난 사단법인 로고스 C.T.M 컴퓨터선교회는 성경전체의 PPT를 만들어가기 시작했고 나는 또 열정을 쏟아 총각전도사로 과한(?)지출로 설교자료를 위해 100만 원이상 구매하기도 하고 더 나아가 애니메이션을 확보해나가기 시작했다. 그러면서 이제 신학대학원 입학이 다가오는 중에는 성경의 파노라마를 자체적으로 제작하여 넓게도 보고 좁게도 보는 교재와 교육자료를 집대성하기도 했다. 미시적 거시적, 숲과 나무, 지금 생각해보면 디모데성경연구원에서 하는 모든 몸부림은 아이들의 교육을 위한 하나님의 사역의 현장임이 틀림이 없었다.

어린이 설교자로서 줄기가 점차 살을 붙이고 있을 무렵, 나의 사역의 급성장과 가지가 전국으로 뻗어나가는 시기를 경험하게 된다.

나는 박연훈 목사님과의 만남은 하나님께서 주신 사건으로 본다. 그래서 나는 지금도 박 목사님을 내 어린이사역의 담임목사님으로 모시고 지내고 있다. 처음 박 목사님을 만난 것은 싸이월드 홈피였다. 그의 짤막한 설교는 내가 짧은 시간이었지만 몸에 체득하고 익힌 많은 원리들과 믿음을 아이들과 소통하며 풀어내는 설교와 뜨거운 기도와 상당히 흡사했다. 오히려 더 탁월한 사역자임을 첫눈에 발견하고는 용인 양지의 총신대학원을 입학하게 되는 겨울에서부터 어린이은혜캠프의 현장으로 달려가게 만들었다. 글을 통해 필자는 단언코 말씀 드리는 것은 '사역의 멘토를 누구로 정하는 것이 너무 중요하다'라는 것이다. 물론 예수님이 우리의 영원한 스승이지만 이 땅에서 함께 값진 가치를 나누면서 현장에서 잔뼈를 키워나가면서 영혼구령의 열정으로 쓰임받는 것은 어떤 라인을 타느냐가 중요하다고 생각한다. 그때가 2010년 겨울 어린이은혜캠프로 경기북부의 마석수동기도원에서 나는 박연훈 목사님을 찾아뵈었다. 그리고는 그 무렵, 나는 영상편집의 기술을 인정받아 이미 대구에서 소극장의 영상감독으로의 삶을 살고 있던터라 그 겨울 캠프에서는 스케치 영상을 만들어 마지막 날 상영하는 역할을 감당하게 되었다.

그때를 떠올리면 너풀거리는 나팔바지를 입고 대구에서 상경한 사투리를 짙게 쓰는 촌놈으로 기억된다고 그 당시 동역자들은 말하곤 하지만... 내 마음만은 어린이 설교를 너무 잘 하고 싶었고 귀한 멘토를 만났다고 생각하고 도전적으로 단숨에 달려 올라간 나의 열정은 내가 발휘한 것이 아니라 하나님이 주신 기회요, 축복으로의 초대라고 생각하였다. 그 이듬해부터 여름 어린이은혜캠프에서 설교의 현장에 부름을 받았다. 현대성우리조트에는 이천 명이 넘는 아이들과 선생님들이 모여있는 집회장소에서 설교를 시작하던 첫날을 나는 아직도 잊지 못한다. 나의 멘토인 박연훈 목사님은 이미 나와 같은 과정을 다 거치고 비록 교단은 달랐지만 어린이사역의 거의 정점을 찍고 계신 분으로 부족한 나는 그의 설교를 배워간다는 마음으로 주어진 기회마다 최선을 다해 섬겼다. 그러다 보니 어린이 사역의 강사계열에 서게 되고 한국어린이부흥사협회의 일원이 되기도 하고 또한 임원을 거쳐 공동회장까지 순식간에 지경을 넓히게 되었다. 신대원의 입학은 한 학년이 500명에 3학년까지 천오백 명이 되는 바람에 인지도가 높아져 전국적으로 흩어지는 사역자들이 나를 초대하면서 그야말로 한 지역을 넘어 한국전역에서 스케줄을 소화해 내야하는 말씀 사역자로 서게 되었다.

II. 어린이 설교 시선 사로잡는 6가지 지혜

대부분의 전도사들은 교육전도사 과정을 코스처럼 지내 보낸다. 하지만 나는 어린이설교를 하면서 사명을 느꼈다. 아이들이 나의 설교에 빠져들어 왔다. 어린이설교자로 15년 정도 쓰임받으며 어린이설교에 사명과 어린이들의 시선을 먼저 사로잡아 하나님 앞에 세우는 지혜를 나누고 싶다.

1. Eye contact와 선포적인 "할렐루야"

어린이 설교가 어려운 이유는 하나님의 음성을 들려 주기 전에 들을 수 있는 마음 밭을 만들어 주는 단계가 있기 때문이다. 필자가 초반에 어린이 설교 이 자체를 꽃을 피우는 단계와 같다고 했는데 꽃을 피울려면 흙에 씨앗을 뿌려야 하니 흙이 있는 밭이 바로 어린이들의 마음 밭이 되겠다. 이 마음밭에 씨앗을 뿌리려면 마음 밭의 주인인 아이들이 마음을 열어줘야 하는데.. 그 통로가 되는 것이 바로 이 눈맞춤이라는 것이다. 나는 주로 이렇게 아이들을 자연스럽게 집중하게 한다. 조금 후에도 선보이겠지만 다양한 접근방법 중에 정공법을 쓴다. 바로 "할렐루야 아멘 아멘" 인데 흔하다고 말할 수 있는 것을 가장 최상으로 살려냄으로 눈 맞춤 뿐만 아니라 집중의 효과 및 말씀을 듣는 목적과 이후에 전해질 말씀에 대한 기대로 모든 것의 기본이 된다. 심지어 집회에 참석한 선생님들조차 잃어버렸던 할렐루야 아멘의 힘에 압도되어 마치 처음 예수님을 영접하고 부흥회에 참석한 그 때를 회상케 한다. 우리의 신앙의 고백을 네 글자의 함축어로 고백하고 전 세계가 통용하는 이 할렐루야에는 놀라운 하나님의 생기력이 있다. 그래서 심지어 이전의 신앙생활을 해왔던 성도들은 찬양에서부터 할렐루야 아멘을 생활화 했다.

기도하자 우리 마음 합하여, 할렐루야 아멘 할렐루야 아멘

성령충만으로 성령충만으로 뜨겁게 뜨겁게 (할렐루야)
할렐루야 아멘 할렐루야 우리 00 교회

사람을 보며 세상을 볼 때 ~
가시밭에 백합화 예수 향기 날리니 할렐루야 아멘~

예수 나의 *기쁨(전부,소망,신부,구원) 아~ ~ ~ 멘 할렐루야 아멘
얼마나 많은 가사가 등장하는지 .. 이것이 바로 할렐루야 아멘의 힘이 였다.

이렇게 "할렐루야" 찬양속에서도 고백되었고 인사로도 쓰이는 것이 었는데... 언제부터인가 할렐루야 아멘을 잃어버린 세대가 된 것이다. 심지어 이 할렐루야 아멘은 하나님의 말씀을 강단에서 전하는 주의 종들에게서도 잊혀져가는 설교의 현장이 되어서 요즘 많이 들리는 설교 중에 이 할렐루야를 한번이라도 선포하지 않는 경우도 허다하게 찾아 보게 된다.그래서 필자는 "할렐루야 아멘 아멘" 이 하나만으로도 모든 설교를 살리는 요소의 마스터키라는 생각을 하게된다. 할렐루야 아멘 아멘은 다음과 같은 방식으로 진행된다. 할렐루야~ 아멘... 한 번만 하는 것이 아니라 어린이들이라면 더군다나 두 번 반복하게 한다. 할렐루야~ 아멘 아멘 그런데 그냥 밋밋하게 하지 않고 음율을 적용한다. 할~ 렐 루야~ (강의영상을 통해 더 잘 확인 된다) 아~ 멘 아멘~ 그냥 단순히 입술만 고백하는 것이 아니라 '즐겁다 신난다 은혜가 된다'라는 표현으로 어깨를 위아래로 흔들면서 두 팔을 짧게 좌우로 흔든다. 아이들이 너무 행복해 한다.

2. 수미상관적인 목표 설정과 달성의 원리

필자도 사랑하는 다음세대 아이들이 한 주동안 기다리고 기다려서 찾아 온 예배이길 바란다.

하지만 대부분 예배에 능동적인 자세로 시작하기란 쉽지 않다. 받아야 하는 신앙교육이라는 것으로 받아드리기 쉽기 때문에 이 예배를 통한 목표의식은 상당히 중요하다고 볼 수 있다. 더군다나 각각의 설교를 통해서 주어지는 깨닫고 실천했으면 하는 의지적인 행동이 다 있기 때문에 우리는 아이들에게 분명한 목표를 전달해야 된다. 그래서 예배나 설교초반에 할렐루야로 눈맞춤에서도 어느정도 이 목표가 적용되었겠지만 그 이후에 우리가 이 예배에 왜 참석했고 이 예배를 통해서 어떤 목표를 이루어가야 하는지에 대한 이해가 필요하다. 이것은 넓은 의미에서 예배이고 좁은 의미에서는 설교라고 볼 수 있다.우리가 흔히 써왔던 공과나 분반교재를 보면 이 과에서의 목표가 언제나 제시가 되어있었다. 모든 설교문에서도 제목을 기점으로 전후에 꼭 이 목표제시가 들어가는 것이다. 그런데 왜 목표가 설정과 달성의 원리로 적용이 되냐면 목표는 꽤나 잘 설정하는데...목표가 20분 혹은 1시간 예배를 다 드려가는 시점에 목표가 잘 달성되었는지에 대한 언급이 필요하다는 이야기이다. 모든 것이 시작이 있으면 끝이 있는 것이다. 한 해의 목표도 분기별, 월별 목표와 달성점검이 있는 것처럼 예배도 설교도 그와 같은 원리이다. 필자는 어린이 사역을 하면서 많은 교회를 방문하다 보면 목표는 언제나 눈에 띄지만 저 목표가 매주 예배, 매주 설교마다 선포되고 점검되는지 궁금했었다. 해마다 목표를 바꾸기는 쉬우나 해마다 달성치를 점검하고 수정·보완하는 노력은 어디를 가나 좀 미비하지 않았나? 싶은 생각을 해본다. 그래서 어린이사역을 15년 이상 해오면서 하나의 목표로만 집중해서 제시하고 예배 때마다 제시하고 설교 후반부 이어지는 기도회마다 오늘의 설교내용을 함축하면서 기도를 했다.

"사랑하는 여러분들~

오늘 들은 말씀대로 잘 실천하고 살아갈 때 우리의 심령에 새생명이 자라는 소리가 많이 들리기 기도합니다 할렐루야~!! 아멘 아멘"

어릴 때 예수님을 깊이 제대로 만나야한다. 그 이유는 첫째, 인생이 너무 짧기 때문이다. 다시 돌아오지 않는 오늘, 말씀에 집중하고 기도에 최선을 다하자고 선포한다. 두 번째 이유는 사춘기가 오기 전에 예수님을 만나야 한다. 사춘기가 오면 해보지 않는 것에 대한 호기심이 발동하는데 그러다 보니 유혹이 시작된다. 이 유혹중에는 죄를 짓게 되는 유혹도 많다. 그러기에 그 전에 예수님을 깊이 제대로 알게 되고 만나게 되면 그 유혹을 잘 이길 수 있다. 이러한 목표를 설정하고 시작하면 어떤 예배의 시작과 달리 아이들이 은혜를 받으려고 힘쓰고 애쓰는 모습들이 실제로 그들의 눈망울 속에서 전해진다. 이러니 목표를 설정하지 않을수 없는 것이다. 여러분들이 인도하는 예배가 평소보다 다른 영적인 열정의 기운으로 가득차길 원하신다면 설교 초반에 설교의 목표를 제대로 설정하고 결의에 찰 수 있도록 동기부여하라.

3. 기본에 충실한 성경내용 전달을 위한 PPT사용

이제 어린이 설교가 시작되면 성경의 스토리를 알아듣기 쉽게 초반에는 이성적으로 내용을 전달하는 것이 중요하다. 여러 종류의 성경을 풀어주는 도구들이 많겠지만 그중에 애니메이션으로 된 것과 PPT로 된 것을 기본적으로 사용하게 된다. 둘 다 시대에 맞는 좋은 도구이긴

하다. 하지만 아이들이 넋을 잃고 눈으로만 보고 귀로만 듣는 영상은 비교적 삼가는 것이 좋다. 설교자가 묻거니 주거나 하면서 초반에는 내용 정리 및 개념정리가 필요하기 때문이다. 이 PPT를 일일이 다 편집하고 제작하던 시절이 있었다 하지만 요즘같이 자료가 많은 시절에는 잘 검색해서 다운받는 것도 하나의 자료확보에 중요한 일이 된다. 그래서 〈다음세대부흥본부〉에서는 2020년도부터 설교PPT를 〈다음세대부흥본부〉 홈페이지에서 무료로 PPT를 제공하고 있다. 2021년도는 신구약 인물 설교를 52주 교회력에 맞추어 제작 게시하였고 2022년도는 4복음서를 중심으로 한 "복음 메세지"를 52주 게재할 것이다. PPT에 원고가 붙어 있으므로 개체교회에서 미리 다운받아 약간의 수정을 하여 교회 형편에 맞추어 설교할 수 있다.

4. 동떨어진 예화보다 말씀 중심의 스토리로 스마트하게 전개하라

설교의 초반에 이성적인 성경본문에 대한 내용을 전달하고 나면 중간에 예화가 필요한 경우가 있다. 설교학에서 예화는 창문에 비유된다. 어린이설교는 일단 시간이 짧다. 그러기에 이런저런 많은 내용의 예화보다 하나님 말씀 그 자체를 어린이 눈높이에서 쉽게 전달하고 그 가운데 하나님의 음성을 듣게 하는데 최선을 다해야 한다. 그러므로 동화, 옛날이야기, 사건·사고 소개는 아무런 영혼의 감동이 없다. 오히려 하려면 일상에서 아이들이 직접 겪고 있는 일들로 설교를 풀어나가는 것이 좋다. 시대가 미디어로 전환되었기에 주중 어떠한 사연을 충분히 사진 한 장 혹은 간단히 편집된 내용으로도 관심을 끌 수 있다.

예를 들면

1. 심방한 사진을 PPT로 띄워주면서 이번 주에는 "누구네 집에 심방을 갔었는데…"
2. 요즘 스마트폰에서는 통화녹음도 자동으로 되어 이미지로 편집해서 생생한 스토리 전달 가능.

5. 설교 후반대로 갈수록 영혼이 반응하게 강력하게 결단을 촉구하자

아무리 재미있고 스펙타클한 설교 내용이라도 영혼이 움직이지 않으면 그것은 강연이다. 아이들도 영적 존재이다. 어린이들이 말씀 앞에 가슴을 치고 회개하고 그렇게 살겠다는 결단이 나와야 진정한 설교이다. 모든 설교에서 다 이렇게 반응하기 어렵다 할지라도 기본 틀은 말씀이 주는 자신의 연약함을 깨닫고 기도함으로 새로운 결단을 하게 하는 것이 중요하다. 이를 위해서는 설교 첫 단추에 할렐루야 아멘 아멘과 설교를 통해 깨달아야 하는 목적을 정하고 이성적으로 성경의 내용을 잘 전달한 후에 예화를 하나 들고는 이제 마무리 단계에 접어든다. 이때쯤 되면 이미 깨달은 것도 있고 이해되는 것도 있는 경우가 많다. 이제는 머리로 이해된 말씀이 가슴에서 묵상되어지고 마음이 움직여져야 행동으로 실천되는 것이다. 그러기 위해서는 마음에 감동이 일어나야 한다.

성령의 은혜를 기반으로 한 두가지 요소가 아이들에게 전달되어야 한다. 바로 공감대 형성과 설교자의 열정이 필요한 것이다. 이제는 그 위에 설교자의 설득력있는 호소력이 필요한데 이것이 바로 열정에서 나오는 것을 많이 경험했다. 어린이 설교에 있어서는 기도가 후반부에 예정되어 있는 경우라면 설교자도 그에 맞춰서 이 호소력 짙은 열정을 쏟게 될 것이다. 하지만 아쉬운 것은 대부분의 교회가 짧은 권면과 부탁의 형식으로 설교를 마무리하고 짧게 기도로 마치는 경우가 허다하다. 뒷부분에서 기도에 대해서 나누겠지만 기도없는 설교의 마침은 청중으로 하여금 상당히 잘~ 듣기만 한 수동적인 예배로 같이 마무리되기 쉽다. 무슨 부흥회나 여름 겨울 성경학교 저녁집회에서만 기도한다는 고정관념은 버려야 한다. 아이들은 오히려 평소 덜 해오던 기도를 몰아서 하는 것 같고 최선을 다해 기도하라고 하는 것 같아서 버겁다는 호소를 하는 경우를 봤다. 그러기에 어린이설교를 하시는 설교자들은 필히 자기 설교를 기도에서 한 번 더 끝을 내겠다는 각오로 호소력 짙은 마지막 열정을 쏟아부어야 한다. 그럴 때 성령께서 설교자를 사용하시고 그 능력이 어린이들에게 전달된다.

6. 설교의 클라이막스인 합심 기도를 하자

어린이의 영성은 들음에서 난다. 말씀을 들을 때 믿음이 자란다. 그 믿음을 하나님께 고백하고 합심하여 기도하는 시간이야말로 설교의 클라이막스가 될 수 있다. 클라이막스에 오르기 위해서는 설교자가 개인적으로 끌고 간다고 되는 것도 아니고 고전적인 방법으로 조명을 다 끄고 교사가 아이들 옆에서 등을 때린다던가 방언으로 세게 기도해주면 따라 하는 것이 아니다. 그리고 여름이나 겨울에 한차례 기도의 성장을 위해서 갑작스런 기도의 요구는 아이들을 더 혼란하게 한다. 평소에는 말씀을 묵상하고 작은 목소리로 기도하는 습관을 가지게 하는 것이 중요하다. 식사기도라든지 아침에 일어나서 하는 기도와 저녁에 잠들기 전에 하는 기도로 평소 기도의 훈련은 어느 정도 되어야 한다는 것은 누구나 다 알 것이다. 그렇다면 여기서 말하는 합심기도는 통성기도이면서도 아주 개인적인 부르짖는 기도를 말하는 것이다. 평소에 훈련된 아이들이 더 깊은 단계의 성령의 임재 속에서 기도하는 훈련으로 마치는 것이다. 기도의 훈련은 먼저 지성으로 오늘의 말씀을 깨닫고 머릿속으로 이성적으로 정리를 하고 어떤 기도를 해야 되는지에 대한 마음의 확신을 들게 하는 것이 중요하다. 이것은 평소에 분반공부를 할 때도 그렇고 감사의 기도를 적는 훈련이 필요하다 그리고는 자기가 오늘의 말씀을 듣고 묵상하며 자기의 삶에 적용하는 훈련이 되어 있으면 있을수록 더욱 기도의 깊이는 깊어지게 된다. 그렇기 때문에 믿음의 훈련은 너무나 중요한 것이다. 요즘과 같이 온라인이든 오프라인이든 말씀을 듣고 자기의 생활에 적용하면서 서로 나누는 훈련은 믿음이 자라는 훈련의 아주 기초단계이면서도 너무나 중요한 기도의 초석을 마련하는 것이다. 간혹 가다 성령의 임재가 강하게 임하면 이런 훈련이 없는데도 죄사함의 십자가 사랑이 강하게 깨달아지고 느껴지면서 기도의 입술이 터지는 아이들도 있다는 것은 전적인 하나님의 은혜라는 것을 기억하기도 하자.

III. 결언

어린이설교는 뜨거운 도전과 기도없이 시도한다면 반쪽짜리 설교이다. 흘려듣고 끝내버리는 설교는 허공만 치게 되는 것이고 아이들의 삶에 큰 변화를 경험하지 못하게 한다. 어린이강단이 너무나 약한 현실이다. 어린이들은 영적인 영양실조에 걸린 상태에서 코로나19라는 카운트 펀치를 맞아 쓰러지고 낙오되고 있다. 2022년도부터 설교의 강단을 바꾸지 않겠는가? 일단 설교가 좋아야 어린이들이 구름 떼처럼 몰려 온다.

우리가 드리는 1년 52주의 예배가 마음 단단히 먹고 일 년에 한 번 혹은 두 번 준비해서 하는 캠프나 성경학교처럼 매주가 그런 은혜가 있도록 어린이설교자는 충분히 준비되고 역량을 강화해야 한다. 비록 코로나 시기라서 모든 것이 축소되고 빈약해진다 할지라도 이미 이런 예배와 말씀과 기도를 경험한 아이들은 그것이 온라인이든 오프라인이든 한결같이 예배드릴 수 있다. 이전에 이런 경험이 없는 상태에서 온라인예배에만 지속된다면 이것은 지속적으로 재미와 참여를 만들어낸다고 기력을 다 쏟아버리게 될 것이다. 이럴 때일수록 본질로 승부를 걸어야 한다. 위드 코로나 시기에 열정을 다해 말씀을 전하고 불을 쏟아내듯 기도함으로 아이들을 살려내야 한다. 아이들은 설교자와 인도자의 영성만큼 따라오게 되어있다. 여러분들이 스스로 온라인에 제한되어서 적당히 한다면 아이들도 적당히 예배드리는 수준으로 머물게 될 것이다. 그러다가 작은 유혹과 시험이 온다면 어김없이 다 떨어져 나갈 수도 있다.

무슨 일이 있더라도 교회에 온 어린이들을 하나님의 믿음의 군사를 만들어내자. 영적인 조교라는 마음을 가지시고 최선을 다해 말씀을 전함으로 복음의 전신갑주로 무장시켜 나갈 수 있는 하나님의 군대가 일어날 수 있기를 주님의 이름으로 응원해본다. 전국 방방곡곡 세계만방에 우리 아이들을 복음으로, 말씀으로 지켜냈다고 승전가가 들려지는 그날을 위해 사명감을 갖고 함께 잘 이겨나가기를 소망한다.

제 3 장

성령께서 이끄시는 예배

진길창 목사(합동)

현) 부산이삭교회 젊은부부교구 교육디렉터, 초등2부
프레이즈예술신학교 졸
총신대학교신학대학원 졸
국제신학대학원대학교 Th.M 과정중

juwan0518@gmail.com
010-2644-0591

강의 주요콘텐츠
 - 어린이부흥회
 - 교사대학(학교앞전도, 순전한예배)
 - 교사부흥회

I. 표어만 거창한 다음세대 관심

"저희 교회는 다음세대에 관심이 많습니다", "저희는 다음세대 사역에 총력을 기울이고 있습니다", "우리 교회는요. 아이들이 행복한 교회입니다"

요즘 어느 교회를 가든지 "다음세대" 사역을 가장 우선적으로 이야기한다. 마치 식당을 찾아 돌아다닐 때 보면 "원조"라고 쓰여 있는 간판들처럼, 교회들마다 "다음세대" 사역에 최선을 다하고 있다고, 할 수 있는 것은 무엇이든 도와주겠다고 말한다. 교회 현수막에 다음세대에 대한 표어가 가득한 것이다. 그러나 실상은 그렇지 못하다.

"다음세대 사역자를 찾고 있습니다. 잘 할 수 있는 분 없나요?", "저희 교회는 다음세대 사역을 위해서 최선의 지원을 하고 있습니다", "다음 세대를 통해 부흥을 이루고 싶습니다"

필자가 다음세대 사역을 알아보기 위해, 교단별로 신학대학원에 찾아가서, 많은 목사님들과 전도사님들을 만나보게 되었다. 어린이은혜캠프라는 캠프사역을 통해서 각 지역별로 수많은 목회자와 부장선생님들을 포함한 선생님들을 15년 동안 만나왔다. 귀 기울여 다음세대에 관한 이야기를 들어보면 다음과 같은 공통된 모습을 발견할 수 있었다.

가. 사역자를 바꿔서 새로운 시도들을 펼칠 수 있다고 생각한다.
나. 그러나 실상 들어 가 보면 바꿀 수 있는 권한이 없다.
다. 그래도 무엇인가 변화를 하고, 새로운 시도들을 준비하면, 우리 교회는 이런 스타일은 안 맞다고 이야기하고, '예전에 해보니까 잘 안되더라'이다.

그러면, 여기서 사역자들은 무엇을 공통적으로 생각하게 될까? 결국, "학습된 무기력"을 느끼게 되면서, 교회 현실에 맞는 사역들, 아니 더 정확하게 이야기하자면, 능동적으로 적극적이고 새로운 창조적인 사역을 펼쳐나가게 되는 것이 아니라, 수동적이게 되고, 부정적으로 이야기 나오는 아이디어들마다 "우리 교회는 안된다고"고 얘기하게 되고, 이미 기존에 해왔던 것만 지켜서 하게 되는 반복적인 시간을 생산하는데 그치고 만다. 그것이 바로 "학습된 무기력"이다. 무엇을 할 수 있을까? 무엇을 하면 좋을까? 하기 위해서 우리는 무엇을 해야만 할까? 를 고민하고 준비하는 것이 아니라, 우리는 이래서 안되고, 저래서 안되고,
   1) 담임목사님 성향상 이런거 싫어하셔...
   2) 장로님들이 이제까지 해오신 것을 보면 안될 거야~~
   3) 선생님들은 새로운 것 안 좋아하셔~~
   4) 우리 교회는 이런 스타일 잘 안해~~
   5) 우리 교회는 교역자 중심이 아니야~~

매번 교회들마다 이 핑계, 저 핑계 대다가 소 잃고 외양간 고친다는 안타까운 현실을 마주하게 된다는 것이다. 얼마 전, 담임목사님께서 한 교회의 예를 들어주셨다. 어느 한 교회의 이야기라고 말씀하셨다. 그 교회는 교육관을 짓기 위해 기금을 마련하려 준비하고 있는 교회다. 그런데 주일학교에서 각 부서들마다 필요한 예산과 장비와 시설물들을 지원해달라고 요청하였지만, 나중에 좋은 것으로 해줄 테니, 기다리라는 것이 답변이었다고 한다. 현장에서는 아이들이 많이 오고 있으니까 지금 필요하다고 건의했지만, 지금은 기다려 달라는 거였다. 몇 년의 시간이 흘렀고, 교육관 건물을 5층짜리로 지었다. 마음껏 주일학교 아이들을 위해 사용하라고 교회에서는 대대적인 홍보를 하였다. 결과는 어땠을까? 이미 아이들은 교회에 남아있지 않았다. 물론 이 이야기를 모두의 모습으로 말할 수 없지만, 그럼에도 불구하고 "다음세대"사역을 논할 때에는 반드시 짚고 넘어가야 할 점이라는 사실이다. 더욱이 지금은 전 세계적으로 코로나 19라는 펜데믹 상황속에서 2년여의 시간을 보내고 있다. 더 이상 무엇을 지체하고 있을 것인가? 얼마나 더 기다리고

있어야 하는 것인가? 코로나19가 빨리 종식되기를 기다렸고, 코로나 치료제가 개발되어 상용화되기를 갈망해 왔고, 이제는 "위드 코로나"를 준비해야 한다고 말하고 있다. 사회적 거리두기 단계는 계속적으로 올라갔다 내려갔다를 반복하고 있고, 세상의 모든 행사와 사람들이 모일만한 모든 장소에는 사용이 가능하지만 교회는 안된다는 것이고, 교회는 문제가 있다는 것이고, 교회가 그러면 안된다고 하는 말도 안되는 상황으로 몰아가고 있다. 심지어 교회를 다니는 성도들조차 안전을 최우선으로 해야 한다고 목소리를 높이고 있다. 또한 그 상황을 넘어서서 교회는 모든 악의적인 프레임은 모두 떠안은 채 성도의 신앙을 지키지 못하도록 하는 소그룹 모임, 공과공부, 심방, 주일예배를 제외한 모든 공예배 및 새벽기도회까지 모이기를 자제할 것을 요구한다고 한다. 그러한 이유가 우리 모두에게 '온라인으로 해야 한다'라는 생각으로 변하고 있다는 사실을 우리는 주목해야 하고 놓치지 말아야 한다는 것이다. 그렇다면 결국 교회는 안 된다고 하는 이 세상 앞에 우리는 어떻게 해야 할 것인가? 이제 우리는 다시 일어나야 한다. 다시 부흥을 사모하고 회개해야 한다. 그래서 이 땅을 향한 하나님의 긍휼을 구하고, 나아가 믿음의 행보를 내디뎌야 한다. 그렇다면 "다음세대"에 어떻게 해야 할 것인가? 바로 "성령께서 이끄시는 예배"를 드려야 한다는 것이다. 성령께서 움직이시고 이끄시는 예배"를 드리기 위해서 명확하게 이야기하면 우리는 이제 무엇을 줄 수 있을까를 심각하게 고민하고 결정하고 진행해야 하는 것이다. 필자는 여기에서 지금까지 캠프현장에서 보았던 사역들과 현장 교회에서 사역의 경험을 바탕으로 기술한다.

찬양하는 친구들

천국암호하는 친구들

학교 앞 심방전도

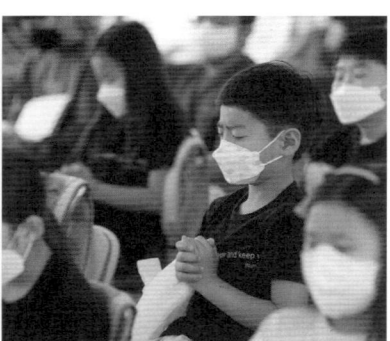
예배 중에 기도하는 친구들

II. 저절로 아멘이 터지는 설교

　어른 예배에서는 아멘이 항상 흘러 넘친다. 그런데 교회학교 그 어떤 부서도 심지어 청년대학부도 아멘이 실종되었다. 성령께서 이끄시는 예배는 찬양도 말씀도 반목회도 감화와 감동이 넘친다. 개신교 예배의 핵심은 설교이다. 그런데 이 설교가 너무나도 약하다. 필자는 순전히 하나님의 은혜와 부르심으로 십여 년을 〈어캠〉에서 선포되는 어린이설교와 그 쏟아지는 설교에 수천 명의 어린이들이 아멘 아멘 하고 통회자복하는 현장을 목도하였다. 부평갈보리교회에서 처음 어린이설교를 할 때의 그 감동과 떨림을 잊을 수 없다. 그리고 삼일교회와 지금의 이삭교회에서의 어린이설교, 늘 두렵고 떨림으로 성령의 스피커가 되려고 성령께 맡긴다. 어린이도 좋은 설교를 원한다. 영혼이 반응하는 설교에는 저절로 '아멘"이 터지고 어린이들의 삶이 변하고 달라지는 원동력이 된다. 그 원리는 복음의 선포이다. 매주 드려지는 예배를 통해서 살아계신 하나님의 말씀이 전해져야 한다. 예수 그리스도의 복음이 선포되어야 한다. 어린이들도 하나님께 기도하고 회개하고 돌아서는 역사가 일어나야 한다. 결국, 말씀이다. 그래서 말씀으로 돌아가자. 초대교회로 돌아가자. 성경말씀은 변하지 않는 하나님의 말씀이다. 하나님의 말씀은 변하지 않는데, 이 땅에 설교자들은 넘쳐나고 저마다 각기 다른 설교를 내놓는다. 각자가 받는 은혜도 다르다. 그래서 각자가 맞는 설교자들을 찾게 되고, 교회를 찾게 되고, 신앙생활을 이어나가는 시대가 되었다. 인터넷으로 유튜브를 통해 저마다 원하는 예배를 찾아 드리는 환경이 되어 버렸다. 그렇다면 좀 더 솔직하게 말하고 싶다. 사람이 듣기 좋은 설교가 정답인가? 이 땅에서 성공하는 법을 가르치는 것이 좋은 설교인가? 성경 말씀을 빗대어서 인물을 연구하고 교훈을 받아 우리도 그렇게 살아야 한다고 가르치는 것이 좋은 설교인가? 인문학적으로 연구하며, 좋은 인격으로 좋은 성도로 좋은 교회로 칭찬받고 인정받는 것이 좋은 말씀인가? 기독교는 부활이요. 생명이요. 영생이다. 복음을 외쳐야한다. 그 복음이 외쳐지는 순간에 그 말씀으로 인하여 우리가 죄인인

말씀 전하는 진길창 목사

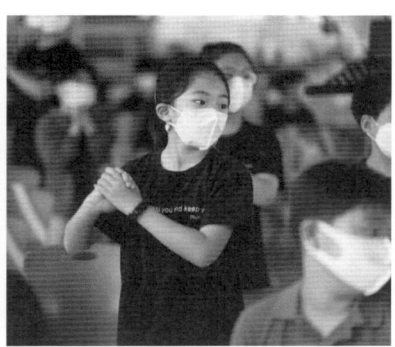
찬양의 기쁨을 누리는 친구들

몸찬양으로 신나게 ~^^

찬양으로 하나님께 손을 들고~

것을 고백하고, 우리의 죄악을 회개하고, 다시금 하나님 앞으로 돌아서는 결단으로, 이 땅 가운데서 하나님 나라의 영광을 위하여 각자의 사명을 가지고 열심히 살아가는 것, 살아내는 것 이것이 선포되어져야 하는 것이다.

그런데 요즘 설교에는 천국과 지옥을 가르치지 않는다. 들어본 적이 없다. 죄를 지적하지 않으니까 어떻게 되는가? 회개가 일어나지 않는다. 회개하지 않으니까 교만하게 된다. 회개하지 않으니까 기도하지 않

예배시간에 기도하기

찬양의 기쁨을 누리는 친구들

예배는 집중! 집중! 집중!

찬양으로 하나님께 손을 들고~

는다. 하나님 없이도 살아갈 수 있는 신앙생활을 하게 된다. 그러니까 그 순간부터 신앙생활이 대충 대충하게 되고, 하나씩 하나씩 무너지게 되는 것이다. 믿음이 흔들리게 되는 것이다. 세상과 타협하게 되는 것이다. 예배 안에 참된 진리의 말씀이 선포되어야 하고, 그 말씀으로 인하여 우리의 다음세대가 회복되어야 한다. 그래서 필자는 예배 안에서 꼭 죄를 말하고, 그 죄에 대하여 우리가 회개하도록 한다. 회개해야 하나님의 은혜가 얼마나 크고 놀라운 사랑인지 알게 되기 때문이다. 다만, 호통스럽게 하는 것은 문제가 생길 수 있고, 특별히 다음세대 각 부서의 아이들에게 거기에 맞는 눈높이로 전하는 지혜와 어린이설교의 전문성이 요구된다.

III. 예배 리허설 꼼꼼한 준비

예배를 기획 단계부터 치밀하게 준비해야 한다. 멘트까지 하나하나 녹음해 들어본다. 가능하면 문장 자체를 좀 더 간결하게 한다. 〈하나님께〉라는 단어를 반복하여 멘트한다. 예를 들면, "우리 모두 정성을 다해 하나님께 예배 드리겠어요. OOO선생님이 우리를 대표하여 하나님께 기도 올리겠어요. 다함께 최선을 다하여 힘차게 하나님 아버지께 찬양합니다." 등등

특히 방송실 담당 교사는 PPT 오자 점검, 설교 PPT 사전 점검, 음원 세팅, 마이크 세팅을 완벽하게 확인하고, 예배 중에는 카톡을 보다가 패싱이 늦거나 하는 기초적인 실수를 하면 절대 안된다. 이것은 리허설을 통해 개선할 수 있다. 설교자는 정말 말씀을 잘 준비하는 것도 중요하지만 그 말씀을 아이들에게 잘 전달하는 방법도 중요하다. 찬양을 통해 어떻게 분위기를 이끌어갈 것인지 분명한 위치를 이끌어야 한다. 찬양을 통해 그 예배에 참여하는 선생님들과 아이들이 기쁨과 눈물을 회복하고, 기도를 통해 서로가 축복하며 안아줄 수 있는 위로가 있으며, 말

씀으로 우리의 죄성을 터치하고, 죄에 대한 회개를 이뤄내는 그래서 한 주를 살아내는데 있어서 우리 아이들도 믿음으로 살아내도록 파송하는 예배가 이뤄져야 한다.

초등2부 예배모습

IV. 결언

어렸을 적 "어른들은 몰라요"가 유행이었던 적이 있었다. 지금은 아마도 더 간극이 클 것이다. 마주하고 변화되는 세상 속에서 "다음세대"에 대하여 준비를 한다는 것은 여간 어려운 일이 아닐 것이다. "다 퍼주자", "토해낼 때까지 주자", "주다 보면 주는 사람도 받는 사람도 변화가 일어나지 않겠는가" 말이다. 필자는 부산이삭교회에서 교육디렉터를 맡으면서 초등2부(초등학교 3,4학년)를 맡아서 교육하고 있다. 2021년도 사역 중에서 기억에 남는 시간들을 말한다면, 1) 어린이부흥회 2) 달란트 마트 3) 로마서 말씀 통독이다. 주일예배만 가지고는 이 험한 세상 속에서 아이들을 지켜낸다는 것은 기적에 가까운 일이라고 생각한다. 성경학교도 간추려지고 형식만 남아 겨우겨우 하는 모습 속에서 결단을 하고, 부장선생님과 교사분들께 머리를 숙였다. 어린이부흥회를 하자고. 코로나 시기에 당연히 왜 반대가 없었겠는가? 나중에 기회를 봐서 미룰 수 있는 명분은 얼마든지 있었다. 그럼에도 불구하고 준비했다. 시작했고 그 부흥회를 통해서 우리의 모든 심령들을 하나님께서 만져주시는 놀라운 은혜들을 경험하게 되었다. 찬양하지 않던 아이들이 찬양팀의 모습을 보고 따라하기 시작하더니, 결국은 그 중심에 아이들이 서게 되었다. 찬양이 되고나니, 말씀 속으로 쭉 빨려들어오는 것이 느껴졌다. 그 중심에 죄가 있었고, 하나님 똑바로 믿지 못하고, 그냥 몸만 왔다갔다하는 우리의 불신앙과 불순종을 회개하였다. 기도가 안될 수가 없지 않겠는가? 선생님들이 부모님들이 나와서 자신들의 맡은 아이들을 위해 기도해 주었다. 마지막으로 강단 위에 초청했다. 목사님

어린이 부흥회

께 기도받고 싶은 친구들은 앞으로 나오라고,…… 선생님들이 깜짝 놀란다. 우리 아이들이 그토록 목석같던 아이들이 기도 받으러 올라가고, 기도 받기 위해 자리를 챙기는 모습에 기도해 주지 못했던 자신들의 모습에 회개를 하셨다고 한다. 선생님들이 눈물로 기도로 준비하고 힘들게 고생하는 만큼, 하나님께서 그 맡겨진 영혼들에 역사해주신다는 것을 다시 한번 절실히 깨닫게 되었다. 하나님은 이미 역사하고 계신다. 우리가 그 사실을 회피하고 있지는 않는가? 은혜 받기 위해서, 인격적으로 하나님 만나기 위해서 어떠한 방법으로든 우리가 준비하면 하나님께서 그 준비를 통해서 역사하신다는 사실을 우리는 각인해야 한다.

달란트 마트는 또 어떠한가? 한 학기동안 수고했던 모든 달란트를

달란트시장 이모저모

가지고 아이들이 행복할 수 있게 마트존에서는 물건을 사고, 게임존에서는 게임을 하고, 부활존에서는 달란트를 받을 수 있는 미션을 진행하고, 체험존에서는 만들기 체험을 하고, 포토존에서는 사진을 찍고, 경매존에서는 경매를 통해 자신이 원하는 물품을 구매하도록 했다. 이 또한 하고픈 말이 많으나 여기까지 하겠다.

마지막으로 "로마서 성경 통독"이다. 로마서는 16장이기 때문에 하루에 한 장씩 읽기로 했다. 매일 저녁 8시에 줌으로 모여서 읽기로 했다. 근데 그 읽기로 한 시기가 하필 방학을 그냥 다 흘려보내고 9월 1일부터 하자고 한 것이다. 방학이면 가능한데 학기가 시작하는데 매일 저녁 8시에 그 바쁜 시간에, 아이들도 선생님들도 가능하겠냐는 질문들이 쏟아졌다. 그래도 하자고 했다. 해보자고 했다. 할 수 있는 사람들만 하자고 했다. 그 시간에 못하는 사람들은 따로 읽거나 인증샷을 남기거나 녹음파일을 남기거나, 무슨 방법이든 함께 해보기로 했다. 첫날.. 과연 몇 명이나 올 것인가? 주일예배 45명 나오는데 30명 출석. 평균 35명을 유지하며, 최고점은 41명. 마지막 16장을 읽는 날에는 먹방으로 마쳤다. 각자가 음식을 준비하고, 그걸 먹으면서 너는 뭐 먹냐고 묻고, 로마서 함께 읽은 소감을 나누며 마쳤다.

아이들에게는 솔직하게 다가가야 한다. 있는 모습 그대로 인정해주어야 한다. 말하고 가르치고 따라오라고만 할 것이 아니라 그들의 필요가 무엇인지 그래서 그들과의 대화 속에서 무엇이 필요한지 알려주고 그들의 소리를 듣는 것도 너무 중요한 사실이다. 부산이삭교회에서 코로나19를 맞이하고 계속적으로 전국적으로 똑같이 어려움을 당하면서, 온라인과 오프라인, 메타버스의 세계 등 여러 가지 플랫폼들을 구축

성경 통독은 줌으로~

해야 한다고 이야기 하지만, 결국 가장 중요한 것은 성령께서 움직이시는 예배가 될 수 있도록 선생님들이 기도하고 심방하고, 교역자가 말씀으로 충분하게 가르치고 찬양의 기쁨을 회복하고 은혜를 나눌 수 있다면 우리의 다음세대는 더 부흥한다. 2021년을 시작하면서 40명~45

초등 2부 단체사진

명 출석하던 친구들이 오늘 9월 26일 주일 58명 온라인으로 예배를 드림이 확인되었다. 하나님께 영광이다. 아직은 만들어가는 과정이고, 앞으로 또 어떻게 변화될지는 모르지만, 기준을 가지고 최선을 다해 준비하고 있다. 다시 부흥을 주실 것을 기대하며, 이 땅에 모든 교회에 부흥의 역사가 임하기를 기도한다.

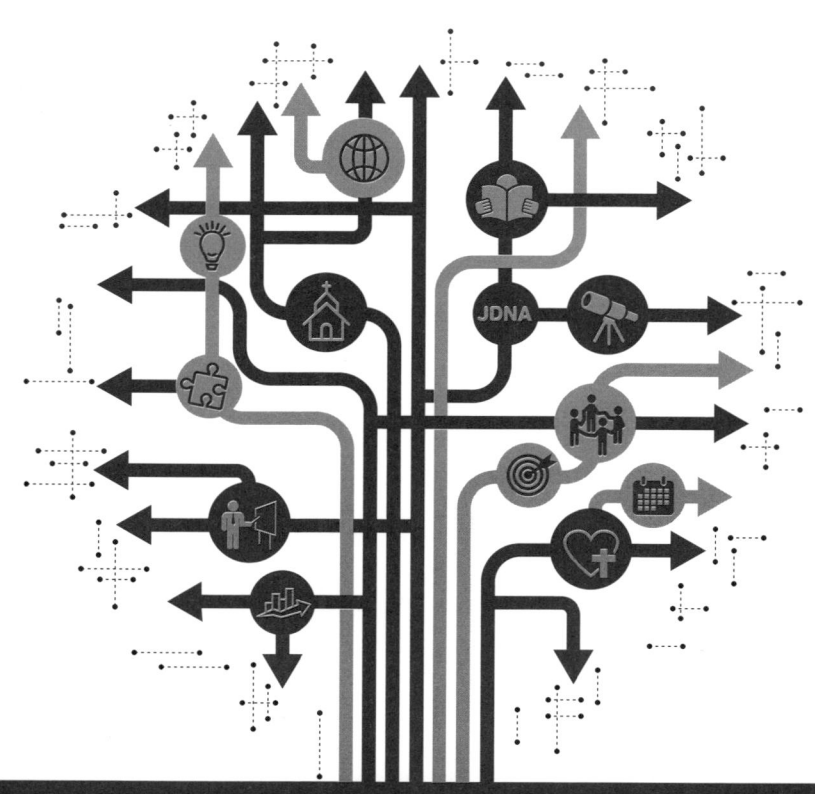

Chapter Four
분반공부에서 반목회로

제1장 교회는 학교가 아니라 예수 공동체
제2장 스타STAR큐티
제3장 생동감이 넘치는 반목회 사례 발표

제 1장
교회는 학교가 아니라 예수 공동체

박연훈 목사(기감)

협성대, 총신대 신학과 졸
감신대선교대학원 졸
미드웨스트 음악석사
에반젤 음악박사

프레이즈예술신학교 설립자
교회학교성장연구소 소장
어린이은혜캠프 1996년부터 개최
다음세대부흥본부 본부장

praise7070@daum.net
010-2281-8000

강의주요콘텐츠
-교사대학
-학교앞전도, 반목회, 교사부흥회, J-DNA 시스템 등
-어린이부흥회
-온가족부흥회

I. 분반공부에서 반목회로

어린이들이 교회에 가서 간식 다음으로 좋아하는 광고가 있다. 그건 바로 "오늘 분반공부 쉽니다!"이다. 무언가 공부한다는 개념에서의 한계가 불러 온 결과이다. 그러나 2022년에는 이렇게 해보자. 분반공부 이름을 아예 "반목회"로 명명한다. 마치 감리교의 속회, 장로교의 구역회처럼 공동체 운영을 하는 것이다. 공과가 어느 것이든 상관없다. 교단 공과든, 파이디온 공과든 그 어떤 교재든 문제가 되지 않는다. 속회, 구역회의 정신을 그대로 반목회에 적용한다. 따라서 반목회는 말 그대로 교육적 접근이 아니라 목회를 한다는 의식의 전환이 교사에게 있어야 한다. 요즘 어린이들은 공부에 절어 있다. 2004년을 기준으로 초등학생이 대학생보다 공부를 더 많이 한다는 발표가 있었다. 로버트레이크스가 창안한 주일학교, 뭔가 공부를 시켜 주어야겠다는 주일학교는 교육시설과 교육기관이 팽배해진 한국에서 이제 교회는 선택의 기로에 서 있는 것이다. 학교로 갈지? 교회로 갈지? 그 첫 단추를 〈교육목회 엑스폴로22〉에서 끼우는 것이다. 교회가 교회의 본질을 다했는데 그 결과가 지금의 반토막이라면 현실로 받아들여야겠지만, 교회로서의 기능을 제대로 가동해 보지도 못하고 패배의식에 젖어 "교회학교가 이제는 잘 안모여!, 시대가 달라졌어!" 푸념하기엔 너무 이르다. 이번 주제는 교회학교가 가장 교회의 본질을 회복함에 있어서 핵심이 되는 "반목회"이다. 그 개념은 교회학교 속에 구성되고 세팅되는 "반"을 작은 교회로 여기고 그 구성원과 담임교사가 영적 공동체를 구현해 나가는 공동체 목회이다. 무언가를 가르치는 학교가 아니라 함께 울고 웃는 가족 구성원 같은 최소 모임이라는 것이다. 분반공부와는 차원이 확연히 다르다. 공과 펼쳐서 이것 저것 살펴보다 끝나서 아무것도 제대로 하지 못한 채 흩어지는 그런 일은 이제 일어나면 안된다.

II. 결코 짧지 않은 15분 승부

모 방송이 히트한 〈세바시〉〉라는 프로그램이 있다. 각 분야에 성공한 이들이 출연하여 딱 15분 동안 주어진 시간에 관객들에게 폭풍 감동과 눈물 폭소를 선사한다. 그 어떤 연사도 주어진 시간은 〈15분〉이다. 교회 속의 교회로서의 기능의 전환에서 가장 큰 역할을 감당하는 부분이 바로 "반목회"여야 한다. 필자의 학창시절을 잠시 회상해 본다. 태어나자마자 목사로 바쳐진 나는 어릴 때 무조건 교회학교에 가야 하는 구조 속에 자랐음을 앞서 고백하였다. 권사인 어머니의 반 강제성 교회 출석이긴 했지만 그래도 은근히 기다리는 예배가 있었다. 그건 바로 "속회"이다. 감리교는 속회가 유명하다. 구역회, 쎌, 목장 등 교단마다 소그룹의 명칭이 다르지만 기능은 비슷하다. 한 달에 한 번 꼴로 금요일이 되면 여지없이 어머니는 강냉이 뻥튀기를 비롯하여 옥수수, 감자 등등 번갈아가며 먹거리를 준비하고 속회원들을 맞이한다. '비둘기 마음은 콩밭에 있다'는 속담처럼 나는 속회공과, 기도, 찬송보다는 마치고 함께 푸짐하게 먹는 그 시간이 좋았다. 그리고 중학생이 되어서는 아예 금요일마다 어머니와 함께 속회예배를 드리러 이 집 저 집 그리고 이 음식 저 먹거리를 맛보았다. 이름을 불러주고 성경 요절을 암송하고 칭찬을 받고 일주일 동안 읽은 성경 장수를 양심적으로 얘기하고 매달 마지막 주 금요일에는 연합예배라 하여 지금의 금요철야처럼 모든 속회가 교회에 모여 예배를 드리고 시상을 하였다. 물론 우리 속이 몇 차례 1등도 하였다. 정말 너무 너무 신나는 속회였다. 지금도 그 때 속회 인도자였던 "정순남 권사"님이 또렷이 기억나고 그립다. 오죽하면 몇 달 전 전화번호를 알아내어 직접 고마움도 전할 정도였다. 교회학교에서의 반목회가 이렇게 참여했던 어린이들이 어른이 되어도 고향의 품처럼 그리워 하고 삶에 영향을 주어야 하지 않겠는가.

III. 5분+10분+5분으로 목회

필자는 순전히 하나님의 절대주권하에 지난 2015년부터 6년간 5개 교단, 7개 교회에 초빙되어 "교육목사, 교육디렉터, 코칭디렉터" 목사로 교회학교 현장을 종횡무진하게 사역을 하였다. 하면 할수록 "반편성, 반목회, 반운영"에 대한 노하우를 하나님께서 주셨다. 반장제도, 리더십학교, 학부모학교 등등 정말 다양한 성공사례를 체득하였다. 이 지면에서는 짧게 느껴지는 그 15분을 5분+10분+5분으로 쪼개 쓰는 지혜를 공개하고자 한다.

1. 첫째 5분

이 시간은 분반공부에서 출석을 부르던 시간이다. 하지만 반목회는 출석을 부르는데 그치지 않는다. 또 시간이 없다고 미리 출석부를 선생님이 일방적으로 예배시간에 쓱쓱 미리 쓰지도 않는다. 반목회가 시작되면 자리에 둥글게 앉는다. 일일이 이름을 불러 칭찬하고 격려하고 예배 태도를 인정해 준다. 마치 담임목사가 성도의 집에 심방하여 목양을 하듯, 눈과 눈을 마주보며 그 어린 영혼의 영적 상태를 관찰하고 힘과 용기와 위로를 주고 칭찬을 아끼지 않는다. 물론 성경 요절을 암송케 하고 십일조, 감사헌금 등 헌금을 했는지, 올해 전도할 친구는 몇 명이고 어떻게 기도하고 있는지도 살핀다. 후딱 5분이 지나간다.

2. 그 다음 10분

a. 공과를 나눌 경우 그 몇 페이지의 분량을 다 할 수 없다. 시간 내에 아이들이 꼭 알아야 할 부분을 나누고 아이의 생각을 묻고 아이 스스로 질문하거나 말을 하도록 이끌어 준다.

b. 설교를 그대로 반목회에 적용하는 경우

필자는 원포인트식 반목회를 선호한다. 설교와 설교 리뷰를 하는 방식이다. 지난 10월 3일 주일에 사용된 예제를 보자.

20211003 "복있는 사람이 되는 걸 알려 주신 예수님" 반목회

샬롬! 어린이 여러분! 이제 본격적인 가을입니다. 10월의 첫 주일입니다. 정말 복있는 사람은 돈을 많이 벌고 유명해 지는 사람이 아니라 생명을 얻는 사람이 복이 있다는 오늘 말씀에 참 은혜가 됩니다. 자! 그럼 또 달려 갈까요? 성경 암송을 먼저 봅니다.

-이번 주 암송 요절-
보지 못하고 믿는 자들은 복되도다 -요한복음 20장 29절 말씀 -

10월은 예수님을 의지하고 따르는 달입니다. 예수님을 더 잘 믿자는 말이죠. 어떤 모양으로라도 예수님의 손을 놓지 않고 열심히 따라갑니다. 자! 이제 말씀을 리뷰합니다. 제1번부터 볼까요?

01 오늘의 설교를 들으며 가장 기억나는 내용은 무엇인가요? 누가 말해 볼까요?

02 오늘 설교 제목은?
    1) 복있는 사람이 되는 걸 알려 주신 예수님
    2) 의심많은 도마
    3) 도마의 고백과 복있는 사람
    4) 예수님의 제자 도마와 천국

03 예수님께서 안식 후 첫날 저녁 제자들에게 다가와 처음 하신 말씀은?
    1) 왜 나를 버렸느냐
    2) 평안하냐 성령을 받으라
    3) 무서워하지 말라
    4) 까꿍 놀랬지롱~

04 제자들로부터 예수님께서 부활 하셨다는 말을 들은 도마의 태도는?
    1) 놀랐으나 믿었다
    2) 믿지 않았고 상처를 직접 확인하고 싶었다
    3) 화들짝 놀라서 믿지 않았다
    4) 도마는 본래 의심이 많아 믿지 않았다

05 예수님은 며칠 만에 다시 제자들에게 나타나셨는가?
   1) 그 다음 날
   2) 일주일 만에
   3) 여드레 만에 (요20:26)
   4) 열흘 만에

06 부활하신 예수님과 마주한 도마의 태도는?
   1) 와락 달려가 품에 안겼다
   2) 바로 무릎을 꿇고 나의 주시오 하나님이시라고 고백하였다
   3) 후다닥 달려가 상처를 확인하였다
   4) 손가락을 옆구리에 직접 넣어 보았다

07 도마의 고백을 들으시고 예수님께서 하신 말씀은?
   1) 도마야 더 이상 의심하지 말라
   2) 도마를 꾸짖음
   3) 너는 나를 본 고로 믿느냐 보지 못하고 믿는 자들은 복되도다
   4) 도마를 칭찬 하심

08 예수님께서 도마를 만난 사건을 성경에 기록한 이유를 무엇이라 직접 말씀 하셨나?
   1) 축복을 많이 받게 하려고
   2) 의심을 가지지 말고 무조건 예수님을 믿으라고
   3) 매우 중요한 사건이라고

4) 그리스도를 믿고 생명을 얻게 하려고

09 만약 내가 도마의 입장이라면 어떤 태도를 취했을까 친구들과 허심
　탄회하게 이야기 해 보자.

　어떤가? 10분이면 충분하다. 어린이들은 설교의 집중력이 더해지고 무엇보다 성경암송이 간단하여 6년을 마치면 312개의 요절을 암송할 수 있다 (1년 52주×6 = 312). 어린이들의 발표력이 좋아지고 학년이 낮고 높음도 문제가 되지 않는다.

3. 마지막 5분

　반목회 15분 중에 마지막 5분은 광고와 간식을 나누어준다. 예배 중 광고는 절대 하지 않는다. 제대로 듣지도 않고 오히려 떠드는 시간이 될 수 있어서 반목회에서 꼼꼼히 전달하여 주고 시절을 좇아 맛난 간식을 나누어 주고 각기 배웅을 해준다. 이에 대한 실제 영상은 유튜브에 이미 올려져 있다(검색 : 반목회 시뮬레이션)

IV. 결언

　성결대 최인식 교수는 공동체의 중요성을 이렇게 구분하였다.

하나님 중심	예수 중심	복음 중심	십자가의 내용	공동체 성격	목회의 초점	신앙훈련
그리스도	십자가	중생의 복음	생명의 십자가	영성공동체	메타노니아	회개
제사장	성령세례	성결의 복음	사랑의 십자가	예배공동체	코이노니아	기도
왕	예수 이름	신유의 복음	자유의 십자가	치유공동체	디아코니아	섬김
선지자	말씀의성육신	재림의 복음	공의의 십자가	소망공동체	마르투리아	전도

주일학교 시스템에서 교회 속의 교회로서의 기능으로 자연히 회복될 때 열매 맺어지는 세부적인 열매를 한 눈에 볼 수 있다. 2022년도 교회학교 성경적 뉴 교회학교로 새 출발 해보자. 한 명이 중요하다. 이제 시장통 같은 시끌벅적한 모든 걸 버리고 어린이 스스로가 예배자가 되게 하자. 어린이 스스로 주도적으로 찬양하며 하나님의 임재를 경험하고 저절로 아멘이 터져 나오는 예배에 감격하고 반목회에서 영적부모로서 교사와의 시간을 나눔으로 무럭무럭 예수님과 동행할 줄 아는 하나님의 자녀로 양육케 된다. 공부보다 복음이 먼저이다. 사춘기 전에 복음이 무엇인지 자신있게 말할 수 있는 어린이, 자신이 만난 복음을 친구에게 당당하게 증거하고 전할 수 있는 어린이를 반목회에서 키울 수 있다. 공부론 불가하다. 2022년도 교회 속의 어린이교회, 아동교회, 유년교회, 초등교회, 소년교회...명칭도 얼마나 좋은가. 학교라는 이미지와 부담을 단번에 날려 보내고 성령의 순풍에 복음의 돛단배를 마음껏 띄워보자. 넉넉히 천국에 도달하리라. 이렇게 좋은 길이 있는데 어찌 쉽사리 교회학교의 문을 닫을 수 있겠는가. 주 성령께서 하신다. 그분의 역사에 의해 교사도 목사도 움직이는 것이다. 할렐루야!

제 2 장
스타 STAR 큐티

박진석 목사(합동)

고신대학 신학과 졸
총신대학 신학대학원 졸
총신대학 목회신학전문대학원 신학석사(Th.M.)
총신대학 목회신학전문대학원 신학박사(Th.D.)
개혁주의 설교학회 총무
PCCI 연구수석
MBTI(STRONG) 일반강사
STAR QT 훈련원 교육강사
알리온어린이선교회 대표
반석교회 담임

okpark@naver.com
010-4448-4548

〈주요 강의〉
어린이반목회
STAR큐티훈련
교사대학(PACE/CARE교사론)
어린이풍선전도법
어린이부흥회
어린이설교법

들어가는 말

어린이들이 주일에 교회에서 소요하는 시간은 60분에서 90분이 보편적이다. 진화론과 다양한 사상이 꿈틀거리는 환경 속에서 어린이 스스로가 신앙을 지키고 향상해 나가기엔 시간이 턱없이 부족한 현실이다. 이에 부모의 관심과 담임교사의 작은 점검으로도 큰 성과를 얻을 수 있는 "주중관리"를 위한 콘텐츠를 공개한다. 이미 어른들에게는 익숙한 말씀 묵상 말고 큐티이다. 어린이 큐티는 누구나 생활화 할 수 있고 2년여 이어지는 코로나19 펜데믹 상황을 뚫어 내는데 매우 유익한 효과가 있다. 더 나아가 어린이들의 뇌발달에도 지대한 영향을 주기에 2022년부터는 주일 외에 주중 시간을 통해 하나님과 소통하는 길을 아래와 같이 자세히 설명하고자 한다. 이제는 큐티라는 것이 교회의 신앙문화의

한 부분으로 자리를 잡고 있다. 많은 사람들은 아니라 하더라도 꾸준히 말씀을 묵상하고자 하는 사람들이 큐티라는 말씀 묵상을 계속하고 있다. 특별히 코로나 팬데믹의 시대에는 이러한 개인 묵상의 큐티가 중요한 신앙의 한 부분이 되었다. 코로나 팬데믹 시대에 중요한 것을 꼽으라 한다면 그것은 가장 먼저 개인이 언제든 자기의 시간을 정하여 말씀을 묵상하는 큐티라는 부분이고, 또 한 부분은 소그룹 반목회가 중요한 부분이라고 지적하였다. 어린이 교회도 마찬가지이다. 어린이들이 교회를 출입하는데 코로나가 발목을 잡았다. 그러나 어린이 개인이 말씀을 붙들고 개인 큐티를 계속할 수 있다면 그것은 어린이들의 신앙을 붙들어 주는 중요한 지지대 역할을 할 것이다. 그리고 어린이들이 묵상한 말씀들을 소그룹으로 함께 나눌수 있는 기회를 가진다면 그것은 더욱 신앙에 힘을 얻는 중요한 채널이 될 것이다.

I. 어린이 큐티_Quite Time

1. 어린이도 성경을 묵상할 수 있다

우리는 대부분 어른도 성경을 읽고 묵상하기 어려운데 어린이들이 과연 이것을 해낼까 하고 의아해 한다. 그러나 어린이들도 성경을 묵상하고 개인이 큐티를 할 수 있다. 여기에는 두 가지의 중요한 점이 지적되어야 한다. 그 하나는 어린이들이 읽고 있는 성경은 대부분 "우리말"

로 되어진 성경이다. "우리말"이라는 점이다. 말이라고 하는 것은 오랜 시간의 관습과 의미를 담고 있는 그릇이다. 단어 하나하나 속에 우리가 이해할 수 있는 의미를 담고 있다는 것이다. 그래서 어린이들은 우리말 성경을 읽을 때에 때때로 어려운 단어를 만나기도 하지만 그 단어 때문에 막히는 것이 아니다. 그러한 단어는 우리가 쓰고 있는 단어이고 또 우리가 오랜 세월 관습화해서 만들어온 의미의 단어이다. 그래서 어린이들은 단어가 어려워서 읽지 못하는 경우가 많은 것이 아니다. 성경을 반복해서 읽다 보면 어린이들은 그 속에서 단어보다는 의미를 이해하고 파악하게 된다. 다시 말하면 자주 읽지 않아서 그 말들을 놓치는 것이다. 그래서 두 번째로 어린이들은 이미지로 글을 읽고 있다는 점이다. 단어가 아니라 개념의 이미지로 글을 읽는 것이다. 그러므로 유치부 어린이들이 읽고 있는 성경은 그림이 많이 있다. 그러한 그림은 이미지이다. 고학년 어린이들도 성경을 읽을 때에 그 성경 속의 글들을 이미지화해서 글을 읽게 된다. 그러므로 한 부분의 성경을 몇 번 반복해 읽다 보면 그 속에서 글 이상의 의미들을 찾아낼 수 있는 능력이 어린이들 속에 있다는 점을 우리가 놓치지 말아야 한다.

2. 훈련이 없어 큐티를 못했다

사람은 나이 고하를 떠나 처음부터 잘하는 것이 별로 없다. 모두가 배우고 숙달하여 생활화 되는 것이다. 큐티도 훈련이 필요하다. 이것은 어린이뿐 아니다. 어른도 마찬가지이다. 어떤 분이 교회에서 큐티를 하느냐고 물으니 돌아온 대답은 "어떻게 하는 것인지 잘 몰라서…", 또 "내가 하고 있는 방법이 제대로 하는 것인지 잘 모르겠다"는 것이었다. 다른 의미로 "큐티사용설명서(?)"가 있으면 좋겠다는 것이었다. 그들은 큐티를 하기 싫은 것이 아니라 하는 방법을 잘 모르는 경우가 대부분이었다. 쉬운 큐티의 방법부터 깊이 묵상할 수 있는 부분까지 차근히 시간을 두고 훈련하면 누구든 깊은 큐티를 할 수 있다. 교사는 자신이 먼저 큐티에 눈을 뜨고 훈련을 통과하여 익숙하고 생활화되고 은혜를 체험해야 한다.

3. 큐티는 인간 중심의 사고에서 하나님 중심의 사고로 전환

성경은 "내 법을 저희 생각에 두고, 저희 마음에 기록하리라(히 8:10)"고 하신다. 이것은 사람들의 철학 자체에 기본으로 하나님의 말씀이 있어야 한다는 것을 말한다. 어린이들은 성장하기 위해 교육과 훈련을 받는다. 그러한 교육과 훈련 가운데 하나님 중심의 사고와 철학이 기초가 될 수 있도록 만드는 것이 큐티이다. 그러므로 히브리서 3장 1절의 말씀처럼 "예수를 깊이 생각하는(think about Jesus)" 어린이로 교육하고 훈련하는 것은 그들의 미래에 하나님의 세상을 체험하도록 만드는 귀중한 일이다.

II. STAR 큐티의 구조

큐티를 교육하면서 큐티가 어렵다고 말하는 이유 중 대부분은 큐티의 구조를 잘 이해하지 못했거나 큐티하는 순서에 익숙하지 않아서 그런 경우가 대부분이었다. 필자는 여기서 "STAR 큐티"를 소개하고자 한다. STAR 큐티는 기본적으로 4단계의 구조를 가지는 큐티이다. 일반적으로 큐티는 귀납적 관찰의 순서를 따르고 있는데 필자는 여기서 4단계 귀납적 순서를 설명하고자 한다. 필자가 이와 같은 4단계의 큐티를 소개하는 것은 이유가 있다. 대부분 큐티의 초점은 "하나님(God)"께 맞추어진다. 그러다 보니 어린이들의 큐티 노트는 항상 똑같은 말과 글의 반복이었다. "하나님은 나를 사랑하신다" 등등... 그래서 큐티를 성경의 넓은 폭에서 다양한 하나님의 말씀을 통해 다양한 하나님의 세계를 체험하도록 4단계로 구성을 하였다. 그것은 아래의 구조이다.

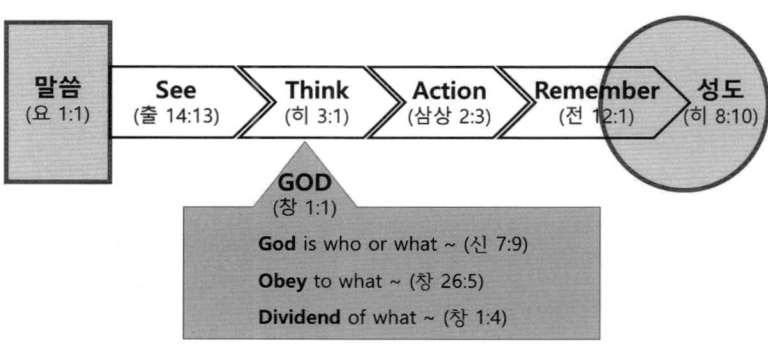

STAR QT의 구조

위의 구조는 STAR 큐티의 일반적인 구조이다. 물론 각 인벤토리

(Inventory) 마다 서브-스케일(Sub-scale)들이 있다. 그러나 기본적인 구성과 구조는 동일하다. See-〉Think-〉Action-〉Remember를 귀납적으로 묵상하는 것이 기본적인 STAR 큐티이다. 동시에 큐티는 성경 속에서 "하나님(GOD)"을 초점에 두는 것이다. 그래서 아래 도표의 "G-O-D"는 그것에 맞추어진 세 가지 서브-스케일이다. 먼저는 하나님이며, 두 번째는 순종할 일이며, 세 번째는 믿음을 위해 분리(어둠을 빛과 나누듯)해야 하는 것이다. 물론 짧은 지면에서 이와 같은 STAR 큐티의 전반적인 것을 다 나누는 것은 부족하다. 그러나 기본적인 것을 먼저 이해하고 어린이 STAR 큐티에 관해 기술적인 면을 들여다 보면 좀 더 이해가 쉬울 것이다. 초기의 훈련에 참여하는 어린이들은 위의 도식의 전체를 다 훈련하거나 교육하지 않는다. 어른들도 위의 도식대로 큐티를 온전하게 하려면 상당한 시간의 교육과 훈련이 필요하다. 그래서 어린이 큐티에 있어서는 중요한 몇 단계가 생략(보이지 않게)된다. 그 도식을 아래에서 참고해 보라. 〈표 2〉는 어린이 STAR QT의 시작이다. 여기에서 G-O-D는 자연스럽게 SEE에서 관찰을 하게 된다. 그리

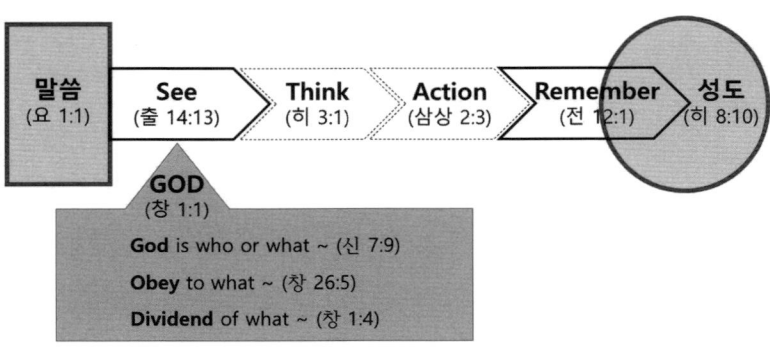

어린이 STAR QT의 시작

고 중간 두 단계인 Think-Action은 생략을 한다. 그러나 실제적으로 어린이들의 묵상하는 사고 속에는 이미 이 두 단계도 들어 있다는 점을 유념하시라.

이상의 STAR QT에 관해서 어린이들이 이해할 수 있는 범위로 설명하면 간단하게 아래와 같다. 어린이를 훈련하려는 교사는 먼저 이와 같은 방법으로 큐티를 시도해보면 어떤 과정을 거치게 되는지 경험하게 될 것이다.

● 보세요(See).

오늘 말씀(읽은 성경 본문)에서 무엇을(또는 어떤 사건을) 보았습니까? 또 어떤 생각을 찾아볼 수 있습니까?

● 생각하세요(Think).

오늘 읽은 말씀 속에서 G-O-D는 무엇입니까? 그것은 무엇을 이야기하고자 하는 것입니까?

● 움직이세요(Action).

나의 생각, 행동, 태도, 자세 등, 말씀의 생각이 내 삶의 무엇을 행동하도록 요구하고 있습니까?

● 기억하세요(Remember).

오늘 말씀 속에서 (하나님께서 주시는 내용 중에) 가장 중요하게 기억해야 하는 것이 무엇인가요? 그리고 그것을 내 삶 속에 담아두세요

(기억하세요)

● 기록하세요(Writing).
오늘 말씀 속에서 내가 중요하게 보았던 것, 기억해야 하는 것 등을 기록합니다.

어린이들을 큐티로 초대하라
어린이들을 큐티로 초대하는 것은 세 가지의 방법이 있다. ❶ 그 하나는 교사가 큐티하는 모습과 그 결과를 나누어 주는 것이다. ❷ 둘째로는 실제적인 큐티하는 방법을 집단적으로 어린이들에게 나누어 주는 것이다. 여기서 중요한 것은 모든 어린이들이 큐티를 다 잘하지 못한다는 것을 기억하라. 그러나 어떤 어린이들은 교사의 인도대로 큐티하는 순서를 잘 따라오게 된다. ❸ 그럴 때 세 번째로 가능하면 전체적인 지도보다는 개인적인 지도가 필요하고 나눔을 할 때는 전체적인 지도가 필요하다는 것을 놓치지 말아야 한다.

III. 큐티의 실제와 순서

큐티는 삶이다. 프로그램이 아니다. 어린이들이 큐티를 삶 속에서 할 수 있도록 모범과 실례를 교사는 보여줄 수 있어야 한다. 말로 백번 설명하는 것보다 교사가 한 번 실례를 보여주는 것은 아주 좋은 것이다.

마치 어린아이에게 숟가락으로 밥을 먹는 모습을 보여주는 것과 같다. 동시에 어린이들도 가진 그 숟가락으로 음식을 먹을 수 있도록 손 붙들고 실습을 하도록 해야 한다.

1. 시간 정리와 장애물 정리(때와 장소)

큐티를 하지 못하는 이유 중 하나가 시간 일정이 정리가 되지 않아서이다. 물론 우선순위가 무엇으로 인식하느냐에 따라 달라지겠지만 무엇보다 시간 일정을 정리하는 방법을 가르쳐 주어야 한다. 그리고 큐티를 하는 것에는 장소에 따라 장애물이 생긴다. 무엇보다 TV와 스마트폰은 큰 장애물이다. 이것을 잠시 내려놓고 영적인 것에 관심을 두도록 설득하라(영적인 관심).

2. 준비물을 챙겨라(성경, 노트, 필기구, 기도하는 마음)

일반적으로 큐티의 준비물은 성경(어린이이들이 읽는 성경 포함), 노트, 필기구, 그리고 기도하는 마음이다. 이러한 준비물을 먼저 기억하도록 주지시켜야 한다.

3. 찬양과 고백, 그리고 기도

준비된 장소에서 먼저 찬양, 그리고 현재의 마음 상태 등을 하나님께 고백합니다. 이러한 찬양과 고백은 교사가 모범을 모여 주는 것이 좋다.

(우리 하나님 아버지를 찬양합니다. 그런데 오늘 나의 마음이 좀 힘들어요. 친구들과 사이가 좋아지지 않았어요. 그렇지만 하나님, 저의 이런 마음을 이해해 주세요. 그리고 용기를 주세요. 친구들과 다시 좋은 사이로 회복하도록 도와주세요.)

4. 성경읽기(See-)

준비된 범위의 본문 성경을 읽는다. 이러한 준비된 본문은 '참고 교재' 등을 이용할 수도 있다. 그러나 어린이들이 직접 정해진 분량의 성경을 읽는 것이 큐티의 발전과 성장에 도움이 된다. 본문은 교사가 정해 주어야 하는 경우가 대부분이다. See-의 내용은 위의 도표를 참고 하라.

5. 기억하기(Remember-)와 노트쓰기(Writing)

오늘 읽은 본문의 성경 속에서 기억해야 하는 것들이 무엇인지 살펴서 기록을 하게 한다, 이 때 주의할 것은 성경의 본문을 자기의 말과 글로 풀어 써야 한다는 것이다. 성경 본문을 그대로 기록하거나 뻔한 내용을 기록하지 않도록 잘 이끌어야 한다. 노트의 기록은 앞의 성경읽기와 연관성이 있는 내용이어야 한다.

6. 감사 기도하기(Pray)

오늘 노트 쓴 것을 기억하고 인도하심을 구하며 감사의 기도를 드리도록 한다. 이러한 기도는 길지 않아도 되지만 오늘 말씀을 기억하고 그 말씀으로 인도하심을 구하는 것임을 주지한다.

7. 찬양과 나눔(Praise & Share in Others)

어린이들이 말씀을 묵상하고 하나님을 찬양하고 감사하는 것을 고백할 수 있도록 인도한다. 이것은 마음 속으로만 하는 것이 아니라 입술의 고백이 되도록 짧은 글을 써 두게 해야 한다(고학년). 그리고 짧아도 공유할 수 있는 SNS 등이 있을 때 그러한 짧은 글들을 기록해서 공유하는 것도 좋은 격려의 한 방법이 될 수 있다. 그러나 글을 잘 쓰지 못하는 어린이들을 위해서 되도록 모두에게 공평한 기회를 주는 것이 좋다.

IV. 제언

격려 / 정기적인 모임 / 긍정적인 초점 / 큐티 기도의 짝

큐티를 처음부터 잘하는 사람은 없다. 그래서 모든 어린이들을 격려해야 한다. 그러나 지혜로운 격려는 수준에 맞는 격려이다. 지금의 단계에서 한 단계 더 발전하도록 격려하는 것이 중요하다. 동시에 교사는 이러한 큐티 나눔만을 위한 정기적인 모임, 또는 정기적인 모임 속에서의 큐티 나눔을 반드시 하는 것이 중요하다. 그럴 때 초점은 긍정적이어야

한다. 부족한 면이 있어도 긍정적인 초점으로 바꾸어 설명하고 지도하며 인도하라. 그럴 때 어린이는 용기를 가질 것이다. 동시에 적당한 기간동안 큐티 기도의 짝을 만들어 서로 나눔도 하고 기도하도록 만들어 줄 필요가 있다. 그러면 그러한 큐티 기도의 짝이 신앙의 중요한 동지가 되어 상호 성장시킬 수 있다. 그리고 적당한 기간이 지나면 큐티 기도의 짝을 바꾸어 주는 것이 좋다. 할수록 느는 게 큐티이다. 막연하게 느끼던 하나님의 임재를 어린이 스스로가 느끼고 반응하는 신앙에 부모가 놀라게 될 것이다. 2022년부터 말씀을 더 가까이 하고 예수님과 동행하는 아름다운 삶이 자녀들에게 충만하길 기도한다.

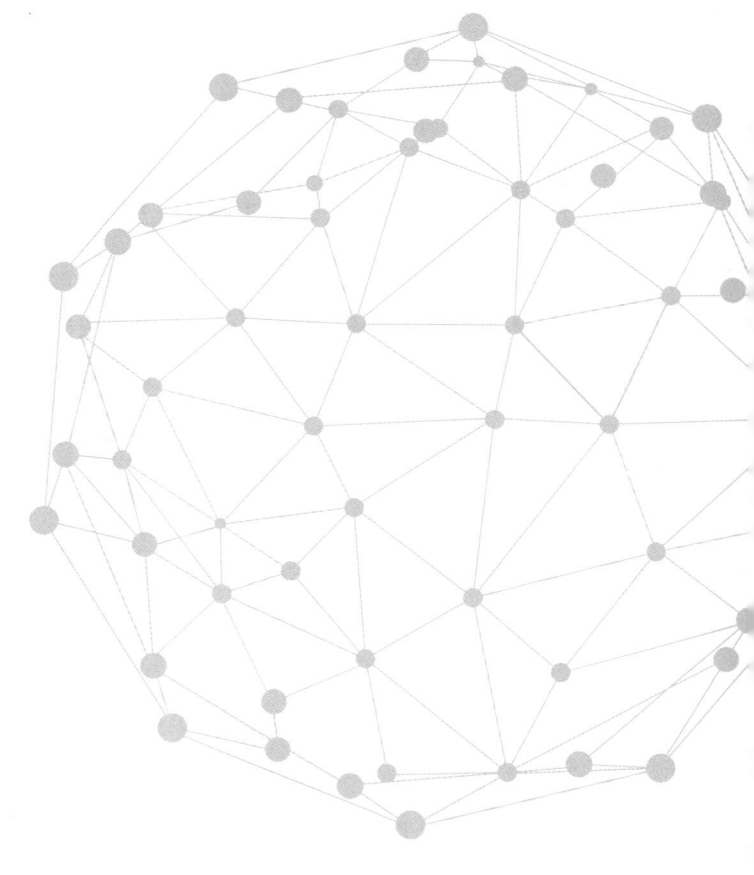

Chapter Four 분반공부에서 반목회로

제 3 장
생동감이 넘치는 반목회 사례 발표

허외숙 목사 (예장통합)

한국방송통신대 국어학과 졸
부산장신대 신학과 졸
장로회신학대학교 신학대학원 졸
장로회신학대학교 목회전문대학원 신학석사
부산 백양로교회 교육목사

교회연합 하람빛캠프 기획진행

어린이 성경인물교재 '하나님의 사람들' 1, 2 출판
어린이 교리성품교재 '믿음의 사람들' 1, 2 출판

jefam1004@hanmail.net
010-9209-9418

"목사님, 오늘은 뭐 하나요?"

주일 아침, 아이들이 예배실에 들어오면서 물어본다. 백양로교회에서만 18년, 다른 교회와 캄보디아 한인교회까지 30년 이상 매 주일 아이들과 함께 예배를 드리면서 늘 기도했다. '어떻게 아이들이 한 주일에 한 번 듣는 예배와 말씀을 더 재미있게 분명하게 몸과 머리와 마음으로 새기고 돌아가게 할까?'

I. 감동의 설교

한 달 또는 두세 달 동안 이어지는 시리즈 설교로 말씀이 차곡차곡

쌓이게 하였다. 구약인물, 신약인물 설교는 신구약 성경의 맥 잡기가 되었고, 사도신경, 주기도문, 십계명, 성령열매 설교는 교리와 성품에 대한 제자훈련이 되었다. 예수님의 일생, 비유, 산상보훈, 에고 에이미 등으로 3년 자체 커리큘럼이 되었다. 여름성경학교는 교단 교재와 프로그램으로 진행하였고, 겨울성경학교는 창세기, 사도행전, 로마서, 에베소서 통독 프로그램으로 진행하였다. 주일 설교는 짧고 단순하게 설교하지만, 어른이 들어도 은혜가 되는 깊이 있는 내용을 담으려고 노력하였다. 또한 설교 자료는 PPT뿐만 아니라 아날로그 그림자료, 실물, 인형극, 연극, 영상 등 다양하게 사용하여 관심을 갖게 하였다. 아이들에게는 '제자노트'를 나누어주어서 설교를 들으며 간단하게 기록하는 훈련도 하였다. 그래서 진급하는 아이들에게 소년부에서 제일 좋았던 것을 설문조사하면 설교가 재미있었다가 가장 많았고, 그 다음이 다양한 교육활동, 다정한 선생님들이었다.

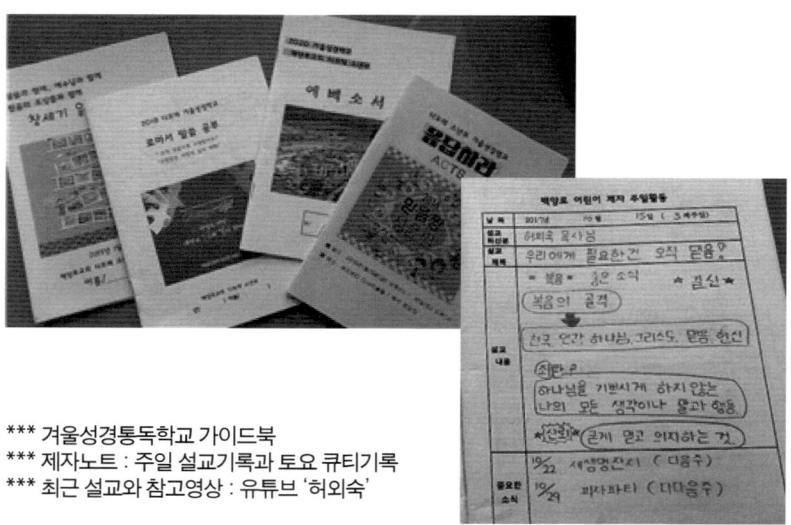

*** 겨울성경통독학교 가이드북
*** 제자노트 : 주일 설교기록과 토요 큐티기록
*** 최근 설교와 참고영상 : 유튜브 '허외숙'

II. 활동이 있는 반목회

예배 후에는 매주 설교를 되새김할 수 있는 주제를 담은 다양한 활동을 준비하였다. 퀴즈, 요리, 미술, 글쓰기, 게임, 실험, 봉사, 야외활동 등으로 방법도 다양하게 하고 그 내용에 따라 때로는 전체 활동으로, 때로는 학년별로, 때로는 반별 활동으로 진행하였다. 3년 동안 같은 교사가 같은 반을 맡음으로써 사춘기에 들어서는 아이들과의 관계가 어색하지 않도록 도왔고, 함께하는 활동 위주의 반목회는 교사와 아이들, 아이들 서로간의 친밀도를 높이는데 큰 역할을 하였다.

*** 어린이 성경공부 교재(허외숙 저. 리빙북스 출판)
 - 인물성경, 교리와 성품, 설교적용 묵상, 말씀퀴즈, 반목회 활동자료 포함

III. 주일에서 주중으로

 1시간 남짓의 주일 교육만으로 부족한 말씀공부와 교제를 주중에도 이어지도록 매주 1회 '제자노트'에 큐티를 하도록 지도하였다. 큐티 본문은 주일 설교를 미리 읽고 묵상하며, 기도제목, 한 주간 감사한 일과 힘들었던 일을 적어서 교사와 소통이 되게 하는 것이었다. 2020년 이후 코로나 시대를 맞아 새롭게 시도한 것은 매일 성경1장 통독이다. 쓰기보다 읽기 적용이 쉬웠는지, 50% 이상의 아이들이 매주 참여하고 있다. 교역자, 담임교사, 학부모, 어린이를 모두 초청한 학년별 단톡방을 이용하여 읽기 피드백을 한다. 새로운 성경으로 넘어갈 때마다 교역자가 직접 제작한 5분 개관 영상으로 교육한다. 매주 읽을 본문을 제시하고, 다 읽었다는 학부모나 아이들의 보고가 올라오면, 교역자와 담임교사는 칭찬의 이모티콘과 댓글을 달아주고, 분기별로 시상을 하여 격려한다. 학년별 단톡방은 매주일 온라인예배 영상링크, 주보 화일, 주일활동 어린이 사진, 특별한 기도제목까지 함께 공유되어서 주중 반목회에 큰 역할을 하고 있다.

** 학년별 단톡방 교제
 -주일온라인영상, 성경개관영상, 주보, 활동사진, 공지, 기도제목, 매주 성경통독보고 등

IV. 반목회 활동 사례들

1. 퀴즈를 이용한 활동
 - PPT퀴즈 : 빈칸 채우기, 연상퀴즈, OX퀴즈
 - 말씀카드 순서대로 정리하기, 성경목록 컵 쌓기
 - 성경 속 물건 찾아오기
 - 율동으로 찬양 맞추기, 전주로 찬양 맞추기
 - 성경지도게임

2. 미술을 이용한 활동
 - 노끈 가시관 액자 만들기
 - 성탄리스 액자 만들기
 - 캘리그라피 향초, 부채 만들기
 - 슈링클스 열쇠고리, 마스크줄 만들기
 - 못, 스트링, 종이접기 등으로 십자가 꾸미기
 - 조물락양초, 펠트바느질 등으로 부활계란 만들기
 - 색종이 또는 물감으로 감정표현하기
 - 우드락 부수어 모자이크작품 만들기
 - 계단식 십계명 카드 만들기
 - 감사나무 만들기
 - 마음의 의자꾸미기
 - 나의 이름꾸미기, 과자로 웃는 얼굴 꾸미기
 - 나의 헌금봉투 만들기

- 성막모형 만들기

3. 요리, 음식을 이용한 활동
- 복음 토스트 요리
- 복음 젤리 만들기
- 감사절 컵밥 요리
- 유월절 식사 도시락
- 오병이어 도시락
- 성탄절 피자, 우정의 소떡소떡 요리
- 반별 요리 경연
- 텃밭 채소로 삼겹살파티, 김치담기
- 달고나, 팝콘, 솜사탕, 팥빙수, 뻥튀기 아이스크림 등 간식만들기

4. 글쓰기를 이용한 활동
- 선교 기도제목 적어서 세계지도에 붙이기, 선교사님께 편지쓰기
- 꽃 캔버스, 롤링페이퍼, 표창장으로 교사와 학부모 감사편지
- 교회 이름, 감사절 5행시 짓기
- 현수막, 나무그림에 나의 사인하기
- 기도제목 카렌다, 올해의 말씀카드 쓰기
- 신문지 글자와 그림 찾아 성구완성하기
- 나의 십계명 만들기
- 퍼즐, 가랜드, 초코렛 등으로 전도카드 쓰기

5. 게임을 이용한 활동

- 카드 뒤집기
- 인물주사위 던지기
- 여러 가지 씨름
- 오래참기 게임
- 꿈 비행기 멀리 날리기, 신발 멀리차기
- 천로역정 주사위게임
- 스티커 가위바위보
- 단체 풍선배구
- 짝과 함께하는 여러 가지 게임
- 눈가리고 하는 여러 가지 게임

6. 체험, 야외 활동

- 꽃 화분 키우기
- 낙엽밟기, 낙엽으로 꾸미기
- 사진틀(토퍼) 만들어 사진찍기
- 물에 녹는 종이 실험
- 죄 풍선 터뜨리기
- 촛불예배
- 세족식
- 우상조사하기
- 교회어르신에게 교회역사, 나의 일터, 나의 교회봉사 인터뷰
- 기독교 성지탐방

7. 연극
- 교사무언극, 연극, 동화구연
- 어린이인형극, 연극
- 어린이 낭독으로 다양한 영상제작

8. 선교, 봉사 참여
- 선교선물 모으기
- 학교앞 전도하기
- 교회 텃밭가꾸기
- 병원, 군부대교회 찬양봉사
- 마을 선물 전하기
- 연탄 배달하기

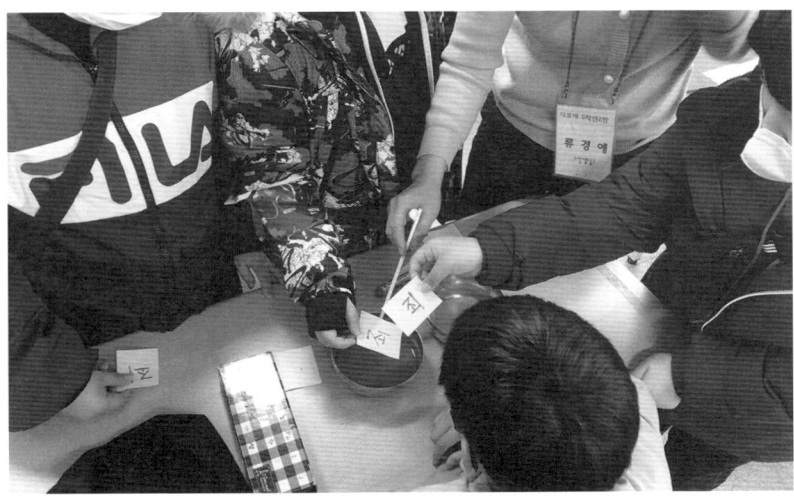

반목회 활동- 녹는 종이 실험

반목회 활동- 우드락 우상 부수기

반목회 활동- 텃밭 가꾸기

V. 제언

목회자가 조금만 더 신경을 쓰고 복음으로 풀면 교회 속의 교회로 새 출발하는 한국교회는 스페인 화산처럼 회복과 부흥의 폭발이 일어난다. 코로나19 시대에도 움츠러 들지말고 뛰어가야 한다. 모두가 페닉을 경험하듯 움츠러들었던 지난 2년, 필자는 말씀 주제를 몸으로 배우는 반 목회, 잘 준비된 반 목회, 교사와 어린이가 함께 어울리는 반 목회는 행복한 교회를 만드는데 큰 효과가 있음을 경험하였다. 과거엔 걸었다면 코로나 시즌엔 뛰었다. 어린이들 중에 혹시 현장예배에 나오지 못할 경우에도 그 영혼을 챙기는 일을 놓치지 않았다. 온라인 주일예배 영상을 점검해 주었고 영상을 통해서라도 반 목회 활동을 하는 친구들의 모습을 볼 수 있게 됨으로 특별한 행사가 있을 때 여지없이 다시 나오게 되었다. 모든 것이 교역자와 교사들의 부단한 기도와 섬김 그리고 노력이 필요하다. 주어진 짧은 시간동안 효과적으로 진행될 수 있도록 세심하게 밑 준비를 해 두어야하고, 담임교사들은 아이들과 잘 어울리는 훈련이 되어있어야 한다. 2022년 전국 어린이 목회현장에서 함께 행복하고, 함께 부흥하는 역사가 일어나길 기대한다.

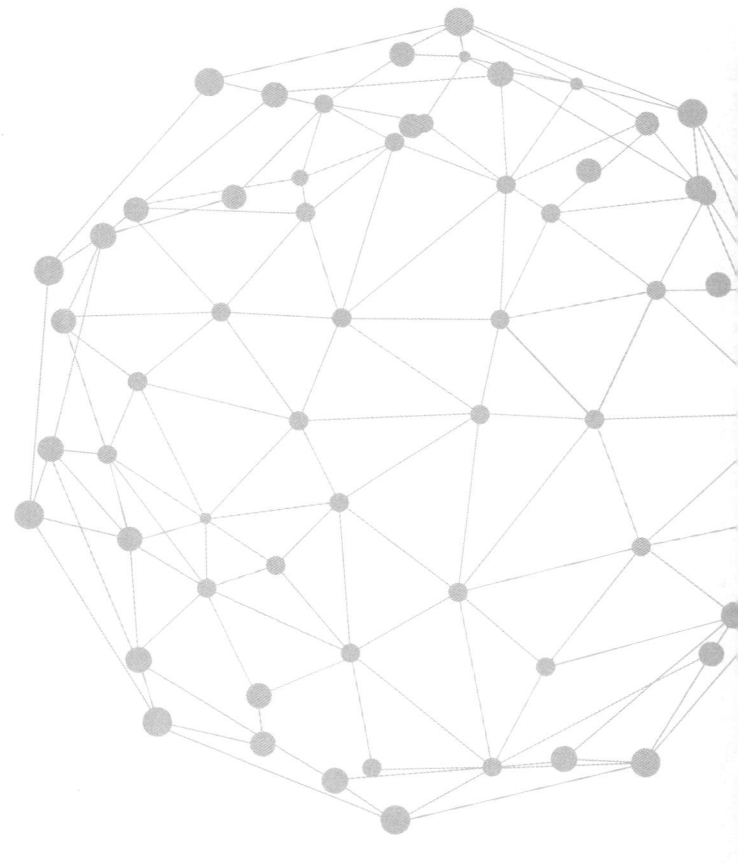

Chapter Four 분반공부에서 반목회로

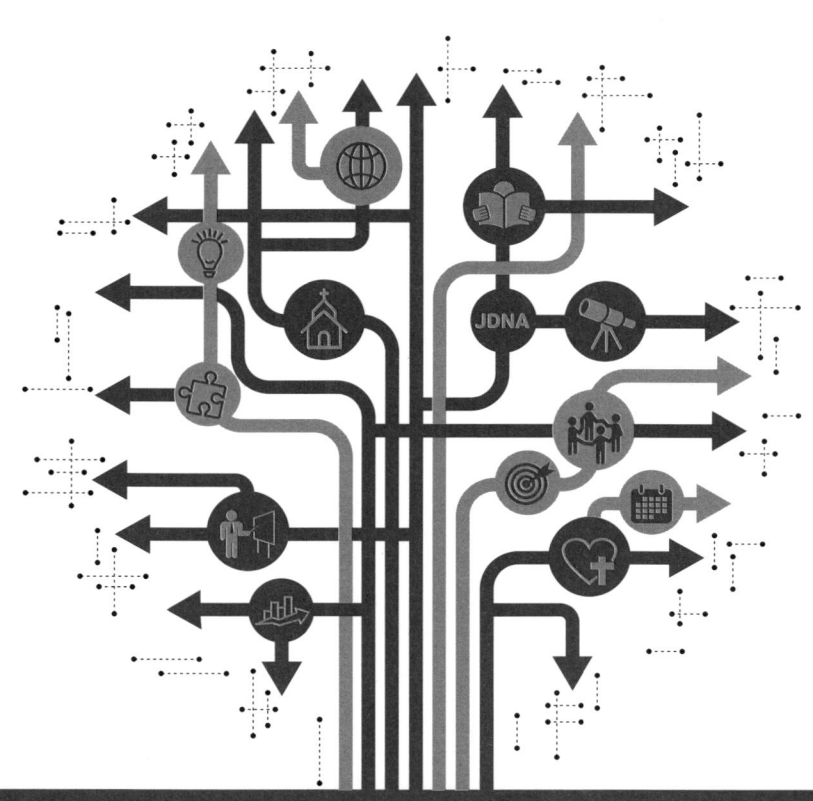

Chapter Five

2022년도 전략 구축

제1장 전 교인이 다음세대에 올인한 결과를 보자
제2장 키즈처치를 꿈꾸다
제3장 동홍천교회 다음세대 이야기

제 1 장
전 교인이 다음세대에 올인한 결과를 보자

박연훈 목사(기감)

협성대, 총신대 신학과 졸
감신대선교대학원 졸
미드웨스트 음악석사
에반젤 음악박사

프레이즈예술신학교 설립자
교회학교성장연구소 소장
어린이은혜캠프 1996년부터 개최
다음세대부흥본부 본부장

praise7070@daum.net
010-2281-8000

강의주요콘텐츠
-교사대학
-학교앞전도, 반목회, 교사부흥회, J-DNA 시스템 등
-어린이부흥회
-온가족부흥회

　단언컨대, 기존의 방식(Sunday School)으로 2022년도에 교회학교를 운영하면 백전백패이다. 그 이유는 복음이 제대로 전해지지 않아서이다. 교회학교를 6년 동안 출석해도 복음을 모르고 기도할 줄 모르며 구원의 확신이 흔들리는 어린이들의 신앙 상태가 그 증거이다. 어려서 그럴까? 아니다. 그 시스템에서는 뭘 해도 안되는 것이다. 숫자적 부흥은 이루었을지 모르지만 언젠가부터 한국교회 교회학교는 성경이 원하는 즉, 하나님의 바람에서 어긋나 있었다. 그렇게 많은 영혼들이 교회에 발을 들여놓았건만 교회는 그들의 영혼을 예수님으로 충족시키지 않았기 때문에 유유히 중등부, 고등부로 등반하면서 교회를 떠나갔다. 2022년도부터 획기적인 변화를 시도해야 한다. 〈교육목회 엑스폴로22〉는 이를 위해 개최된 것이다. 매해 "성경적 교회학교"가 구축될 때까지 말이다. 내년도에는 〈교육목회 엑스폴로23〉이 될 것이고 올해처럼 온라인으로 할지 비대면으로 할지는 주님만 아신다. 그럼 무엇 무엇이 새로운 패러다임으로 구축되어야 할 것인가가 전략 이전에 정립될 사안이다.

I. 아이들이 구름떼처럼 몰려드는 교회학교

학부모들은 자신의 아이들이 바른 인성과 부푼 꿈, 행복한 인생을 풀어갈 수만 있다면 목숨까지도 내어 놓을 준비가 되어 있다. 이 코로나19

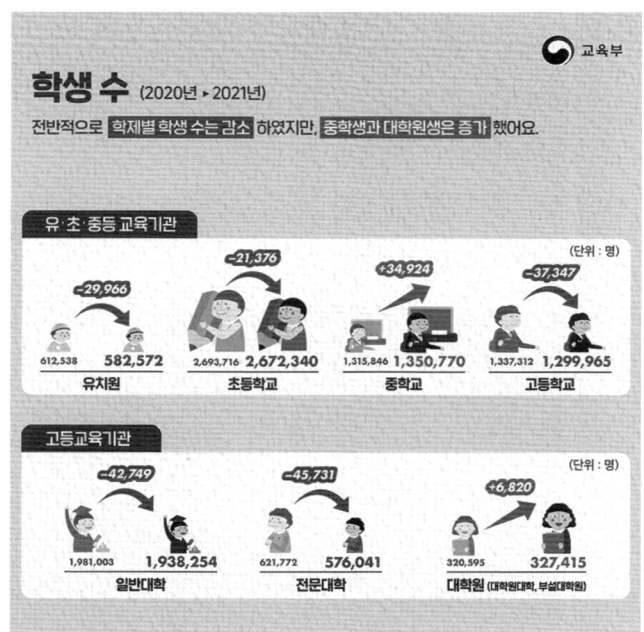

출처 : 교육부

펜데믹 속에서도 영혼 구원에 불타는 복음으로 이미 충만한 교회학교는 다양한 방법으로 어린이들을 접촉하고 그들에게 예수님을 전했다. 이 구령의 열정이 있는 목회자, 교사가 있기에 한국교회는 아직 희망이 있다.

한국어린이전도협회는 대한민국 267만 명의 초등학생 구원을 위해 지난 2년의 펜데믹 상황에서도 어린이들을 길거리에서 공원 한 귀퉁이에서 어린이들에게 복음을 전했다. 그 전도 수는 2019년에 274,078명, 2020년은 96,342명, 2021년 10월 현재 104,368명이라 한다. 여기 사진을 보면 학부모가 같이 "도대체 뭘 가르치나?" 궁금하여 참여하여 집중하는 모습이 우리의 가슴을 뛰게 한다.

출처 : CEF

당장 코 앞에 다가오는 2022년! 교회학교는 이 수많은 영혼들을 맞을 준비가 되어 있는가? 아니면 벌떼처럼 어린이들이 교회로 몰려와도 감당할 수 없지는 않은가. 이에 대한 담임목사의 대답, 당회의 다음세대 목회 방향 결정이 확실해야 한다. 부장, 교사는 언제나 준비되어 있으니까. 학부모들은 바라고 원하고 기대한다. 교회는 아니, 우리 주인되시는 하나님은 최고의 가치이다. 이 비교될 수 없는 영원한 생명과 성경적 세계관, 성령의 이끄심을 받는 주도적인 삶, 예수님과 동행하는 생활, 은사를 따라 각각 포지셔닝 될 아이들의 미래...교회학교가 지하라도 좋다. 상가교회라도 좋다. 진리가 빛을 발하면 그게 교회이다(요한복음8:32). 세상이 다 줄 수 있고 학원도 학교에서도 주는 간식, 선물, 프로그램...학부모들은 이제 그런 따위로 자녀들을 교회에 맡기질 않는다. 초등학생들이 276만이다. 교육부 통계에 빠진 어린이들도 많다. 그들은 여기서 이유를 상세히 밝히지 않겠지만 다양한 불신으로 홈스테이를 한다. 그 숫자까지 포함한다면 약 300만 정도일 것이다.

1. 내실을 기하자

교회학교 아동부는 교회의 동력이다. 뭘 해도 잘 안 되었던 과거, 패배주의는 이제 십자가 앞에 내려놓고 희망으로 오신 성령님의 인도를 구하며 내실을 딴딴히 복음으로 구축하는 것이 첫 단추이다. 현재 교회학교 아동부에 어린이들이 몇 명 모이는가는 중요하지 않다. 10명이 모이든, 100명이 모이든 복음으로 모든 체계를 개편해야 한다. 더 나아가 교회에 교적부를 재정비하면서 초등학생이 단 한 명이라도 있다면 교회학교를 열어야 한다. 찬양영상, 설교PPT, 반목회 자료, 기타 행정 자료, 심지어 매주 유튜브로 박연훈 목사의 설교를 보며 예배를 드릴 수도 있게 〈다음세대부흥본부〉에서 모든 것을 무료로 제공한다. 유튜브와

홈페이지에서 2022년도 아동부 목회 자료들을 제공한다. 할렐루야! 남원중앙교회, 창원중앙교회, 충주열방교회, 동탄영광교회 외 수많은 교회들이 다음세대부흥본부의 자료들로 일관성 있게 어린이 눈높이에 맞게 대면예배에서 찬양영상과 설교영상을 선용하며 영혼들을 예수님의 제자로 키워내고 있다. 하나님은 전략을 주시는 분이다. 출애굽하고 가나안에 들어갈 때 철옹성과도 같았던 여리고성을 하나님께서 주시는 전략으로 무너뜨렸다. 매일 해 뜨기 전에 일곱바퀴를 돌았고 제칠일에는 일곱바퀴를 돌고 함성을 지르게 하였다. 매우 꼼꼼한 전략을 그대로 순종한 이스라엘 백성들의 행동은 민첩하고 또 일체감이 빛났다. 이 위대한 전략의 포문을 여는 여호수아서 6장 1절은 이렇게 시작된다.

"이스라엘 자손들로 말미암아 여리고는 굳게 닫혔고 출입하는 자가 없더라"

마치 한국 교회 교회학교의 상황과 비슷하다. 다음세대 부흥의 소망은 굳게 닫혔고....여호수아 6장 20절에 전략의 결과가 이렇게 소개된다.

"이에 백성은 외치고 제사장들은 나팔을 불매 백성이 나팔 소리를 들을 때에 크게 소리 질러 외치니 성벽이 무너져 내린지라" 아멘!

2. 예일교회 6개월의 결과

2019년 11월, 인천 예일교회에 1년 코칭디렉터 계약을 하고 전 부서를 섬겼다. 이미 지난 5년간 5개 교단, 6개 교회 교회학교를 섬긴 터라 그동안의 경험과 노하우가 축적된 또 하나의 열매를 바라는 시간이었다. 이 코칭 사역은 천환 담임목사의 다음세대 목회 전념이라는 목회철학에 의하여 시작되었다. 이렇게 담임 목사의 결단은 놀라운 변혁과 역사로 이어진다. 그래서 앞서 서두에서 〈엑폴22〉의 가장 중요한 출발점은 담임목사라고 강조를 했던 것이다.

처음 천 목사님과 의견을 모았던 것은 〈전 교인의 다음세대 사역 올인〉이었다. 그 진행 과정에서 주일 낮 설교 1회, 가족부흥회 3일 저녁 설교, 신년 집회 일주일 새벽설교 등등 장년성도들과 직접 메시지로 만나는 기회를 선뜻 제공하셨다. 참 부담감도 넘쳤지만 천 목사님의 무한한 배려와 다음세대를 향한 열정에 왕복 두 시간이 넘는 출퇴근 길이 한 번도 불편하게 느껴지지 않을 정도였다. 그리고 각 부서 예배 컨설팅, 중고등부 설교 월 1회, 아동부 설교 월 1회를 감당하면서 예배실 환경을 먼저 수선하였다. 어린이 예배실은 지하1층인데 새벽예배를 드리는 장소이다. 낡은 스크린이 휘장 앞에 떡하니 주일 날 내려지고 빔 프로젝터는 수명이 다한 듯 뿌옇게 PPT화면을 비추어 주었다. 찬양할 때 가사가 잘 안보여 아이들의 집중력이 떨어지고 설교 때는 본래의 PPT 색감이 나오지 않아 매우 불편하였던 상황이다. 그러나 2개월 만에 대형 TV모니터 두 개로 어린이들이 환호성을 질러댔고 게시판의 환경미화를 새로이 하였다.

예일교회의 편제는 모두 5개이다. 영아부, 유치부, 유소년부(무학년제), 중고등부, 청년대학부로 나뉘었다. 청년대학부를 제외한 4개 부서를 직접 코칭하며 학교앞전도와 매주 1시 전교사 기도회에 은혜의 불이 붙여졌다. 30분 진행되는 기도회는 점심식사를 마치고 유소년부 예배실에 모여 각 부서의 보고를 나누고 기도로 하나님께 부흥을 구한 것이다. 학교앞전도는 담임목사와 사모님께서 직접 동행하였다. 교사들의 사기가 저절로 증대되고 비가 오나 바람이 부나 모든 부서가 전도에 불을 붙이게 되었고 영유치부는 주변 유치원과 어린이집 정문 앞에서, 유소년부는 주변 초등학교 정문 앞에, 중등부 역시 석정중학교 길 네거리에서 등굣길 전도가 시작되었다. 직분자의 자녀들 중에 타 교회나 교회를 잘 안나오는 자녀들을 다시 출석시키는 운동과 교사들의 시너지가 발휘되어 매우 빠르게 교회 전체 분위기가 다음세대에 올인하게 되었다.

6개월 1차 결과를 보니 유소년부가 2/3가 늘었다. 숫자적 증가도 교사들이 놀라워했지만 정작 교사들은 부서 안에서의 유기적이고 자발적인 움직임과 반목회의 변화에 매우 놀라는 듯 하였다. 15분의 기적을 경험하고 있었던 것이다.

3. 학부모를 통한 총력

2022년도, 교회 속의 교회로 초등학생 1~6학년까지 일단 집중해야 한다. 우선, 학부모를 통해 초등학생은 단 한 명이라도 교회로 앞서 실례를 보였듯 전 교인이 자녀들의 신앙 성장에 관심을 가지고 최고의 유산은 신앙 유산이라는 사실을 공감하고 실현하게 한다.

품안에 자식이라고 기독청년의 신앙 형성이 '부모'의 영향력이 절대적이라는 설문조사 결과가 보여주듯, 사춘기 전에 어린이들에게는 청

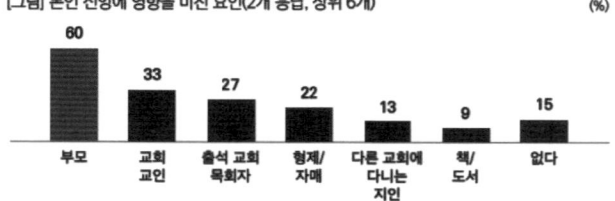

● 기독 청년의 신앙 형성에 '부모'의 영향력이 절대적!

- 기독 청년의 신앙에 영향을 미친 요인으로 '부모'가 60%, '교인' 33%, '목회자' 27%로 부모의 영향력이 절대적이어서 자녀의 성장기에 부모의 신앙 지도가 필수적임을 알 수 있다.
- 또한 '교회 교인'의 영향도 33%로 2위로 나타났는데, 이는 기독 청년에게 교회 내에서 신앙 공동체를 엮어 주는 것이 필요하다는 것을 시사한다.

년보다 더 강력한 신앙 형성에 절대적이다. "교회 가야지"라는 부모의 말 한마디가 통할 때 복음을 만나고 성령체험을 하여 부모의 하나님이 아니라 자신들의 하나님이라 자발적으로 간증하고 고백하게 하는 수준으로 이끌어 주어야 한다. 수요예배, 금요철야 갈 때도 집에 두면 딩굴딩굴 TV나 보고 딴짓하기 일수이다. 무조건 데리고 나와야 한다. 그래야 나중에 후회하지 않는다.

의외로 학부모들은 자녀들에게 어떻게 신앙 교육을 시켜야 할지에 대하여 무지하다. 그러기 때문에 자녀 교육 방법을 배울 필요성을 느끼는 부모가 82%에 달한다. 이 통계는 학부모들이 자녀에게 신앙유산을 어떻게 물려 주어야 할지에 대한 구체적인 교육이 필요하다는 것을 깨우쳐 준다. 아버지학교를 통해 아버지의 역할을 성경적으로 알게 되듯이 〈자녀교육세미나〉, 〈신앙유산 이렇게 물려 주자〉 등등의 실제적인 훈련이 있어야 한다.

● 자녀 신앙 교육 방법, '배울 필요성 느낀다' 82%

- 부모들에게 자녀 신앙 교육 방법을 배울 필요성을 얼마나 느끼는지 질문하였다. 그 결과 '필요성을 느낀다 (매우+약간)'는 응답이 82%로, 대부분의 부모가 신앙 교육 방법을 배우고 싶은 니즈를 갖고 있는 것으로 나타났다.
- 부모별로 보면, 어머니가 아버지보다 필요성을 더 느끼고 있으나, 아버지도 79%나 필요성을 느끼고 있어 부모 모두 교육을 받는 것에 대해 강한 니즈가 있음을 알 수 있다.
- 일선 교회에서 부모의 니즈에 부합하는 자녀신앙 훈련 확대와 현실적으로 적용할 수 있는 실천적인 가이드 제시가 필요할 것으로 보인다.

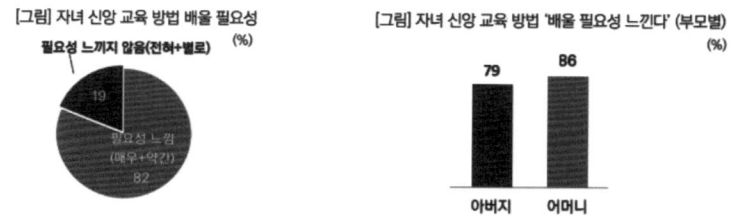

*자료 출처 : 한국IFCJ가정의힘, '가정신앙 및 자녀 신앙 교육에 관한 조사', 2021.06.06. (전국 5세~고등학생 자녀를 둔 교회 출석 개신교인, 1,500명, 온라인조사, 지앤컴리서치, 2021.04.05~04.19.)

II. 교육목회 코칭

나는 코칭디렉터이다. 부산영락교회 6개월, 부산은혜교회 6개월, 당진감리교회 6개월, 남서울비전교회 2년, 예일교회 6개월 등등 교육목회 현장에서 진두지휘를 해 본 결과는 복음으로 충분하다는 것이다. 5년동안의 5개 교단, 7개 교회 교회학교에서의 진두지휘, 현장경험에서 그 얼마나 많은 자료와 영감, 노하우가 축적되었겠는가. 천천히 그 보따리를 해마다 꺼내어 놓겠다. 필자가 개체교회에 직접 가서 섬기면 좋겠지만 그런 마음으로 이제 2022년도에 기존의 교회학교 시스템이 아닌 교회 속의 교회 즉, "성경적 교회학교"를 이렇게 하면 된다는 기본 콘텐츠를 기술한다. 당장 1월 전에, 아무리 늦어도 3월 전에 구축해야 할 전략이다. 언뜻 보기에는 개체교회에서 다 해왔던 것으로 보일 수 있다. 하지만 절대 그렇지 않다. 디테일하고 검증된 전략들이다. 누구나 다 집에서 밥을 짓는다. 하지만 맛집의 밥맛은 다르다. 똑같은 밥인데...

1. 제1콘텐츠 = 교사모집

담임목사가 직접 주보에 광고하고 설교에서 다음세대 목회에 절박함을 전하고 교사모집을 광고하고 새 틀을 짜야 한다. 남서울비전교회(합동, 최요한목사)에서 그랬다. 교육디렉터로 부임설교(1,2,3부 주일 세 차례 설교)를 하고 그 자리에서 거수로 "교사모집"을 하였다. 지금의 전 부서 500명을 1년 사이에 1,000명으로 배가할 수 있고 남서울비전교회는 다음세대 구원에 모든 것을 걸어 10년 후가 더 행복하고 복된 교회와 가정이 될 것이라는 복음적 비전을 제시하였다. 이 날 모집된 교사가 50명이 넘는다. 물론 그 기세를 몰아 곧 바로 "교사대학"에 들어가 교육이 아닌 메뉴얼 연수와 심령에 불을 붙이는 집회를 하여 '한 손에는 복음을 다른 한 손에는 능력의 노하우'를 쥐어 주었다. 당연히 2017년, 배가부흥에 성공하였다.

2. 제2콘텐츠 = 학년제에서 무학년제

학교라는 이미지 탈출의 첫 단추는 1학년~6학년으로 각각 편성되는 학년제를 학교별 동네별로 편성하는 무학년제로의 변모이다. 이 부분은 지난 해에 출간된 "교회학교 뉴 패러다임 J-DNA"(물맷돌) 에 자세히 기록되어 있다. 어차피 코로나19 사태로 대부분의 불신자의 자녀들이 교회를 떠났고 직분자의 자녀들만 교회에 출석하는 현실이다. 몇 명 되지도 않는데 1학년 4학년 따지면 반구성 자체도 안된다. 50명 미만인 경우 무조건 반편성을 구역회, 속회, 셀을 편성하듯 무학년제로 편성한다. 단, 편성에는 몇 가지 원칙이 있다.

 1) 같은 학교
 2) 같은 행정구역
 3) 가까운 거리의 교사 자택

이렇게 하면 번개 하기도 좋고 교사 자택에서 1박 2일 캠프를 하기도 좋다. 광주새희망교회에서 이렇게 무학년제 편성을 하고 4개월에 전도된 아이들 수가 253명이다.

3. 제3콘텐츠 = 교사기도회

부산영락교회에서 성공한 사례이다. 마침 영락교회는 주일오전 8시에 교육위원회실에서 부장아침 모임이 정기적으로 있었다. 위원장인 장로님이 사회를 하고 교육목사님이 간단한 메시지를 주고 합심기도를 한 후 공지를 공유하였다. 그 외 기도회는 각 부서에서의 자율이었고 매달 한 번 새벽기도회에 모였다. 역시 전통이 있는 교회라 기도하는 시간을 이렇게 가지고 있었다. 코칭디렉터로 부임한 필자는 위원장과 교육목사와의 미팅을 가지고 '전 부서 기도회'를 제안하였다. 매 주일 점심

식사 후 20분 기도만 했다. 척박한 환경 속에서 아동부만 59명이 전도되는 열매를 얻었다. 기도가 답이다. 기도가 무너지면 다 무너진다. 이 원리를 놓치고 분주한 교사가 많은데 2022년부터는 괜히 바쁘면 안된다. 기도하는데 바빠야 한다. 그래야 성령이 이끄시는 교사, 교회학교가 완성된다.

4. 제4콘텐츠 = 반이 작은 교회라는 인식의 변화

반이 교회이다. 분반공부가 아니라 목회하는 시간이다. 반목회는 1:1도 좋다. 개척교회를 시작하면 아내와 목회자 이렇게 단 둘이 출발하기도 했다. 한 영혼이 귀하다. 코로나19를 견뎌내고 지금까지 잘 출석해주는 어린이가 너무 소중하지 않은가? 이 보물같은 아이와 168시간 중 딱 15분 만나는 이 절대적인 시간을 어찌 계획과 기도없이 공과책 하나로 공부하다가 마치려는가? 결코 그럴 수 없다. 예수의 심장을 이식받게 하고 사춘기 전에 성령을 체험하고 구원의 확신, 복음 이해, 성경적 세계관 정립이 가능하다. 반목회 시뮬레이션 동영상이 유튜브에 있어 직접 영상을 보면 이해가 빠르다.(검색 : 반목회 시뮬레이션)

5. 제5콘텐츠 = 환경미화, 교육시설 개선

코로나 2년 동안 교회에 비축된 예산이 있다. 바로 점심 식사비이다. 이 예산을 다음세대에 쏟아 부어야 한다. 아멘. 예일교회와 당진감리교회에서 코칭디렉터 할 때 빔프로젝터를 대형TV로 교체하였다. 희뿌연

모니터 영상, 먼 위치와 흐릿한 스크린에 찬양 가사도 흐릿한데 거기서 무슨 일이 일어나겠는가? 어린이들은 초등학교에서 온갖 첨단 장비의 선명한 화면을 만나고 있는데...최소한의 환경과 장비를 개선해야 한다.

6. 제6콘텐츠 = 교역자 부장 중 한 명이 6년 이상 섬겨라

기존의 시스템을 모두 잊으라고 서론에서 천명하였다. 잘 안될 수 밖에 없는 구조 속에서는 악순환이 반복된다. 그 대표적인 것이 리더십의 붕괴이다. 교육전도사가 부임했는데 좀 할만하니까 목사안수 받는다고 떠난다. 이번에는 정말 잘하시네 하며 교육목사가 맡았는데 2년 하고 교구로 이동한단다. 이 영원히 끊을 수 없는 악순환을 2022년도에는 쓰레기통에 던져야 산다. 그런데 의외로 이 부분은 간단하다. 담임목사의 결단이다. 나머지는 그 다음이다. 교육전도사 구인게시판에 파트타임전도사, 수련목회자, 교육목사를 구하는 글이 넘친다. 차라리 이렇게 해야 한다. 목회자는 말씀선포와 교사 영적 지도에만 집중하면 된다. 담임목사와 행적적 업무를 잘 감당하다 1년 섬기다가 가도 표시가 안난다. 하지만 부장은 최소 6년 이상 목숨 바쳐 그 일에 매진하게 믿고 맡겨 주고 흔들지 말아야 한다. 아마 이 글에 박수치고 환호하는 독자가 허다할 것이다.

7. 제7콘텐츠 = 교사집회 + 어린이캠프

교사의 심장이 항상 뜨거울 수 있다. 그게 정상이다. 심장이 멎으면 아무리 건강한 축구선수도 죽는다. 지금 한국교회 교사들의 심장이 너무 오래 멎어 있다. 이 심장을 먼저 성령으로 박동하게 하자. 교사의 심장이 뛰지 않으니 그에게 속한 어린이들의 영적 상태는 말할 수 없을 만큼 피폐해져 있는 것이다. 금요철야를 통한 교사 어린이 집회, 교사만 따로하는 교사집회, 어린이들을 위한 어린이부흥회, 인형극, 계절 캠프에서 불을 붙여 와야 한다. 심장이 뛰어야 교육도 가능한 것이다.

III. 주께서 하신다

우리는 자주 너무 쉽게 "주께서 하신다"고 말하면서 실질적으로는 주 성령께서 하실 수 있는 성경의 가르침을 따르지 않는 경우가 허다하다. 이젠 순종하고 주께서 하실 수 있는 구도를 전 교인이 구축하자. 하나의 프로그램을 덧붙인다면 그 나물에 그 밥이 되기 십상이다. 전에 그런 실수를 많이 해봤다. 메빅, 어와나 등등, 뭐 하나 가져다 쓰려하면 안된다는 말이다. 본질 자체를 복음에 두고 모든 면에서 개혁을 해야한다. 일단, 여호수아의 지휘 아래 여리고 성을 이스라엘 백성이 말씀 주신 그대로 순종하며 행동하듯 전 교인이 "다음세대의 영적 성장"을 위하여 올인해야 한다.

1. 실질적 목회 실행

1) 2021년 12월 말까지

2022년도 목회계획서(홈페이지 www.cgi.co.kr 자료 게시판 참조)를 구축하고 교사모집, 교역자 부장 선임, 교회학교의 새 명칭을 공모하여 진행한다. 특히 부장은 기존 교사의 추천을 받아 선임하는 것이 좋고 반드시 담임목사가 식탁 교제를 하고 적어도 6년을 맡긴다고 축복해 주어야 한다. 교회학교의 학교라는 이미지를 벗고 조직 자체를 새롭게 한다. 교회학교는 교회 이름 뒤에 키즈처치를 붙이면 확 분위기가 달라진다. 예를 들면 충주열방키즈처치, 남서울키즈처치, 영락키즈처치 혹은 유년교회, 초등교회, 어린이교회로 명칭변경하여 교회의 본질로 회기한다. 그 다음으로는 교회에서 아무 관련없는 교장, 교사, 분반공부 등등 학교의 느낌이 있는 건 무조건 복음의 터 위에 새로이 명명한다. 교사는 영적부모로서의 반사, 분반공부는 반목회, 조례 종례는 반사기도회 등으로 교정하고 모든 일에 기도와 반사 다수의 의견 청취로 일치감을 가진다.

2) 2022년 3월 전까지

반편성, 기초서류구비, 환경미화, 시설정비, 반사성회(교사대학보다 각각의 직무를 매뉴얼화 하여 숙지하고 성령의 도구가 되는 은혜의 집회로 반사들의 심령에 거룩한 불을 붙인다.)로 최소 6년간 어떻게 맡겨진 어린 양, 맡게 될 어린이들을 영적부모로서 살피고 기도해야 할지에 대하여 선명하게 가닥을 잡아야 한다. 출석부, 새친구현황표, VIP작정표 등등 기본 서류와 게시판에 공유할 인쇄물을 출력 부착한다. 코로나 19 기간에 출석하지 못한 명단을 놓고 기도로 하나님께 수시로 영혼을 다시 보내 달라고 매달린다.

3) 2022년 한 해

전교인 금요철야, 어린이부흥회, 담임목회자+장로+반사가 함께 하는 식탁 교제, 여름성경학교, 여름캠프, 추수감사절, 성탄축제, 선생님 집 1박2일 파자마파티 등등 기존 양떼들을 예수 심장으로 이식하고 복음으로 배부르게 하자. 반사가 행복하면 아이들의 영혼은 춤을 춘다. 이게 바로 학교가 아닌 진정한 교회이다. 담임목회자를 중심으로 똘똘 뭉쳐 전교인이 한 번 제대로 내실을 기해보자.

2. 어? 진짜 되네

2022년도 대한민국 교회학교! 아니 교회 속의 교회.

십자가 아래에서 무릎을 꿇고 그 희망을 받는다. 하나님께서 이미 우리의 기도와 열정을 받으신 줄 믿는다. 이제 행동하면 된다. 가자. 어서 가자. 예수님의 피 묻은 손을 붙잡고...모두가 "어? 진짜 되네"라는 탄성이 나올 것이다. 나는 꿈이 있다. 교회학교 문 앞에 어린이들이 줄을 서서 입장을 기다리는 걸 보는 꿈이다. 문전성시를 이루는 맛집처럼 어린이들이 줄지어 교회에 입장하려 할 때, "예약 했어요? 아 미안해요. 오늘은 자리가 없어요" 베들레헴은 빵집이다. 빵집에 빵이 없어 아이들이 왔다가 다시 쓸쓸히 돌아갔다. 이제 세상에서 가장 맛있는 빵, 한 번 먹으면 계속 먹고 싶은 빵, 천국이 보이는 빵, 예수 그리스도가 그 빵이다. 나는 꿈이 있다. 키즈처치 컨트롤타워! 질병본부가 코로나19를 제어하고 콘트롤타워가 되어 적시 적소에 방향과 대안을 제시하여 K-방역이 되었다. 초교파 키즈처치의 콘트롤타워가 구축되는 것, 곧 될 것이다. 하나님이 하신다. 아멘!

제 2 장
키즈처치를 꿈꾸다

송주용목사(기장)

한신대 신학과 졸업
한신대 신학대학원 졸업(M.Div)
충주열방교회 담임

shykan81@naver.com
010-3936-8291

I. 들어가는 말

필자는 개척에 대한 비전을 받고 하나님이 인도하신 충주에서 목회에 처음 발을 내디뎠다. 하나님의 인도하심을 믿고 갔다. 개척을 시작하고 젊은 부부들에게 복음을 전하는 사역을 하려고 했다. 그런데 성령께서 내 눈에 비춰주신 영혼이 아이들이었다. 그때부터 필자는 아이들을 전도하기 위해 힘썼다. 아이들이 교회에 나오게 되었는데 부모님이 믿지 않다 보니 늦잠 자는 어린이들이 많았다. 그것을 놓고 기도하는 중에 성령께서 책망하신 것이 아이들이 중심이 되는 공동체를 세우겠다고 하면서 왜 아이들은 뒷전이냐는 감동을 주셨다. 그래서 장년 예배를 오전 9시30분, 어린이 예배를 오전 11시30분으로 조정했다. 아이들이 중심이 되고 복음으로 자라나는 키즈처치를 꿈꾸며 기도한다.

II. 키즈처치를 꿈꾸다

2017년 9월부터 어린이 예배를 시작하고 아이들이 중심이 되고 예수님의 제자로 세우는 꿈을 가지고 키즈처치라고 이름하였다. 1년 동안 학교 앞 캠페인과 놀이터 전도에 집중하며 아이들이 중심이 되는 교회를 꿈꾸며 올인했다. 아이들을 만나보면 교회에 다니지 않는 아이들이 정말 많았다. 아이들은 교회에 오고 싶어도 부모들이 보내지 않아 오지 못하는 아이들도 많았다. 그래서 교회에서 한 달에 두 번씩 행사를 통해 놀이터에서 만난 아이들을 교회로 초청했다. 그렇게 사역에 집중하는 중에 초등학교가 다른 지역으로 이전하는 것으로 확정이 됐다. 초등학교가 이전하는 곳으로 하나 둘 이사 가는 아이들도 늘어났다. 하나님께서 시작하게 하신 다음세대를 세우는 사역을 계속 하기 위해서는 우리도 교회를 이전해야 하는데 그럴 수 없는 상황이었다.

2019년 새해 첫날부터 금식에 들어갔다. 금식하며 기도하는 중에 교회를 이전하라는 마음을 주셨다. 그런데 이전할 수 없는 상황이었다. 하나님께서 주신 비전을 바라보며 이전하여 사역하는 모습을 꿈꾸며 기도했다. 그렇게 3년이 지난 지금 하나님께서 기적을 이루셨다. 필자가 감당할 수 없는 금액의 상가 건물을 믿음으로 계약하게 하셨다. 하나님이 주신 꿈을 이루기 위해 한걸음 더 다가가게 되었다. 코로나19가 시작되면서 경험해보지 못한 일로 전 세계는 공포에 쌓여있다. 내가 유하는 충주의 초등학교와 모든 학교의 개학이 두 차례 연기되었고 모든 예배가 멈추었다. 늦은 개학을 하고 어린이들이 학교에 가지만 교회학교의 빈 자리는 여전했다. 세상에 교회에 대한 이미지가 안 좋아져서 믿지 않는 부모들은 아이들을 교회에 보내지 않는다. 그렇게 1년이 지나고 또 1년이 지나고 있다. 이대로 가만히 있을 수 없다는 생각이 들었다. 모두들 그렇게 생각하겠지만 코로나19 사태 이전으로 교회가 돌아갈 수 없다. 이제 위드 코로나로 방역 단계가 조정될 분위기이다. 2022년도의 목회, 복음으로 교회의 사명을 완수해야 한다. 교회의 사명은 복음을 증거하여 영혼을 구원하는 일이다. 교회에 사람 숫자가 많은 것이 아니라 예수님을 믿고 구원 받은 예수님의 제자를 세워가야 하는 것이 사명이다. 그런 측면에서 나에게 주어진 다음세대에 대한 열망을 한층 더 확신하고 성령의 이끄심을 갈망한다.

III. 주중관리의 필요성

개척 후에 지역을 돌아다닐 때 성령께서 아이들에게 관심을 갖게 하셨다. '어떻게 아이들을 전도 할까?' 기도하는 중에 교회학교 배가부흥 세미나를 알게 되어 참석했다. 그곳에서 박연훈 목사의 경험을 듣고 할 수 있겠다는 마음이 생겨서 한 주 동안 준비를 하고 학교 앞 전도를 시작했다. 그렇게 필자는 자연스럽게 다음 세대의 복음화라는 사명을 가지고 아이들에게 복음을 전하는 일에 온 힘을 쏟게 되었다. 그야말로 미친 듯이 올인하였다. 일주일에 4일, 학교 앞에 나가 이런 저런 캠페인을 하였다. 어린이들과 인사하고 이름을 외워 불러주며 서서히 관계가 트이고 알게 되는게 신기했다. 학교뿐만 아니라 일주일에 한 번은 놀이터를 찾아갔다. 맛나게 정성을 다한 떡볶이를 아이들에게 나누어주었다. 이런 다양한 접촉으로 어린이들과 편하게 만나게 되니 게임도 하고 이런 저런 이야기를 나누는 시간도 자연스럽게 만들어졌다. 이렇게 만난 대부분의 어린이들은 믿지 않는 가정의 아이들이기에 더 귀한 영혼들이다. 우리 가족은 모두 넷이다. 아이들 2명으로 어린이 예배를 시작하였고 학교 앞과 놀이터에서 만난 아이들과 친분을 쌓고 교회로 인도하였다. 그렇게 시작한 후 한 명, 두 명, 아이들이 늘어났고 2년이 됐을 때 아이들은 2명에서 20명으로 10배로 부흥했다. 아이들과 예배를 드리면서 토요일의 활동과 일주일에 한 번 예배드리는 것으로 부족하다고 느꼈다. 그래서 무언가 필요했다.

IV. 말씀일기

아이들이 교회에 와서 예배를 드리는 날은 일주일에 한 번이다. 주일에 교회에 와서 예배를 드리고 아이들은 집에 돌아가 나름 바쁘게 한 주를 보낸다. 그렇게 한 주를 보내고 교회에 오면 지난 주 설교 말씀은 기억에 남는 것은 하나도 없다. 아이들 뿐만 아니라 어른들도 마찬가지 일 것이다. 늘 고민했던 것이 주중에 아이들과 말씀을 나누어야 한다는 생각은 있었지만 코로나19로 방법을 찾지 못했다. 말씀 일기는 말씀의 힘과 능력을 잃어버린 아이들에게 말씀의 능력을 체험하게 하는 놀라운 능력이 된다. 말씀일기를 통해 아이들은 주일에 설교 말씀을 듣고 집으로 돌아가 말씀을 다시 한번 리뷰한다. 주일 설교 말씀을 다시 생각하면서 기도하고 기도를 통해 하나님을 만나게 되고 하나님의 마음을 깨닫고 하나님이 마음에 오신다.

믿음은 말씀을 들어야 자라난다. 구원의 출발점이 그리스도의 말씀이다. 어린이들이 매주 한

노트에 빼곡히 쓴 말씀일기

구절의 말씀을 암송하고 설교 말씀을 생각하고 매일 기도문을 적는다. 이 과정을 통해 아이들은 찬양을 드리고 말씀을 암송하고 주일 말씀을 생각하며 기도할 때 믿음이 자라고 하나님을 만나게 된다.

1. 말씀일기 어떻게 하는가?

말씀 일기는 어린이들이 매일 숙제처럼 쓰며 습관으로 익히는 일기에서 기안한다. 요즘은 노트보다 PC, 스마트폰, 패드를 활용할 수 있다. 먼저 매월 정해진 찬양을 드린다. 악보, 음원파일, 유튜브를 통해 찬양을 들을 수 있다. 찬양을 올린 후 한주 암송 말씀을 눈으로 읽고 입으로 읽고 글로 쓴다. 그 다음 매일 미션으로 주어진 질문에 자신을 되돌아보며 자기의 생각, 느낌, 경험을 적고 하루하루 기도문을 적으며 마친다. 아이들은 말씀 일기를 통해 교회에서 들었던 성경의 이야기에서 이제는 세상을 창조하신 하나님의 말씀으로 믿어지게 된다.

2. 어떤 성과가 있는가?

말씀일기를 통해 가장 큰 효과는 아이들이 주일 설교 말씀을 한 주 동안 기억한다는 것이다. 주일 설교 말씀을 잊지 않고 기억하면서 한 주를 보내게 된다. 이것이 말씀일기의 효과이며 큰 결과이며 능력이다. 어른도 주일 설교를 한 주 지나면 다 까먹어 버리기 일수인데…말씀을 품고 한 주를 살아가면서 말씀이 점점 깊어지게 되고 믿음이 자라고 말씀의 능력을 체험하게 된다. 예수님의 제자로 자라게 된다. 요한복음 1장 1절은 선포한다. '태초에 말씀이 계시니라 이 말씀이 하나님과 함께 계셨으니 이 말씀은 곧 하나님이시니라'. 말씀이 아이들 마음에 들어오면 성령과 동행한다.

V. 제언

어린이들 스스로가 주중에 따로 시간을 내어 큐티를 하고 기도시간을 내고 말씀일기를 작성하기가 그리 만만하지 않다. 공부에 학원에 요즘 아이들이 매우 바빠하기 때문이다. 그러기에 이렇게 힘을 기울여 보자.

첫째, 아이들이 스스로 말씀일기 시간을 정하게 하라

부모가 시킨다면 하긴 하겠지만 자발성이 떨어진다. 그러므로 주일 예배에서 말씀으로 은혜받고 일기장에 그 은혜받은 내용을 기입하면서 서서히 컴퓨터에서도 시간을 정하여 써보기를 노력해 본다. 어느 정도 몇 차례 교사와 부모가 실행하다가 어린이 스스로가 말씀일기 작성 시간을 정하게 한다. 다양한 당근(?)이 필요하겠지만 무조건 해야 한다.

둘째, 식탁 대화의 주제

한 가족이 모두 둘러 앉아 식사하는 시간을 자주 만들어 보자. 그 식탁에서의 대화는 격려와 말씀일기의 주제들이다. 주일 설교를 모두 공유하게 되고 어른의 눈높이와 자녀의 신앙 높이가 조율되는 행복한 밥상이 될 것이다.

셋째, 기도제목 공유하기

어린이들이 가장 약한 것이 기도이다. 말씀일기는 매일 기도제목을 한 줄 혹은 두 줄 기록한다. 따라서 미션에 의해 전달되는 기도제목을 함께 공유하고 식탁기도와 모든 개인기도에서 공유해 본다. 응답의 현장들을 항시 만나게 될 것이다. 2022년도 우리 초등학생들의 믿음이 쑥쑥 성장할 것을 상상하니 가슴벅차다. 어린이들이 사춘기 전에 성경적 세계관을 소유하고 복음을 알고 기도할 줄 아는 어린이가 되는 것은 막연히 이루어지지는 않는다. 매일 단 한 번이라도 하나님 앞에 자신을 조아릴 수 있는 어린이와 가정이 하나님의 역사 속에 풍성한 열매를 거두게 될 것이다. 교회 교회마다 신선한 회복과 영적 부흥의 소식이 온 땅에 가득하길 기도한다.

제 3 장
동홍천교회 다음세대 이야기

김정환 목사(기감)

호원대학교 화학과 중퇴
그리스도 신학대학교 졸
협성대신학대학원 졸

교회학교성장연구소 강사
다음세대부흥본부연구원
이끌라 318기독 사관학교 교장
동홍천교회 담임

kjh-0191@daum.net
010-4742-3928

강의주요콘텐츠
-교사대학
 학교앞전도, 반목회, 교사사명부흥회, J-DNA 시스템 등
-어린이·청소년·청년 부흥회
-온가족부흥회

I. 들어가는 말

지금의 목회 환경은 우리가 한 번도 경험해보지 못한 충격적인 시대를 살고 있다. 어려운 목회 문제를 타개하기 위해 먼저 경험한 믿음의 선배들의 조언을 구하여 적용해 볼 수도 없는 영적 형편이다. 목회 자체가 급변하는 목양 환경에 적용할 수 있도록 체계화되거나 정립된 분야가 아니기 때문이다. 이렇게 해보면 될까? 저렇게 해보면 될까? 교회마다 여러 경우의 수를 계산하며 온라인 예배, 다양한 콘텐츠를 만들어 다음세대를 지켜내려고 몸부림을 친다. 하지만 교회 안에서 사라지고 무너지는 다음세대와 신앙의 대가 끊어지는 영적 소멸을 막아내기란 쉽지 않아 보인다. 아이굿뉴스 2021년 5월 11일자 기사(손동준기자)에 의하면 교단별 주일학교 통계에 나타나는 뚜렷한 다음세대 감소는 더욱 충격적이다. 예장통합총회(총회장:신정호)에서 발표한 내용은 다음과 같다.

구분	유년부	초등부	소년부
2010	6만4,232	7만4,327	8만9,900
2019	4만3,461	4만8,807	5만2,427
감소율	(-1만5,425)	(-2만5,520)	(-3만7,473)

또한 합동 총회(총회장:소강석 목사)는 지난해 10·11월 두 달간 조사한 결과 1,257개 교회 중 자발적 응답으로 교회학교 부서가 없는 교회가 22.4%에 달했다고 답했다. 응답하지 않은 교회를 감안하면 교단 내 주일학교 위기는 더 심각할 것으로 보고 있다. 필자가 속한 감리교단은 6,600개 교회로서 2010년 대비 세례 아동이 6,708명 감소하였고 교회 출석하는 아동을 뜻하는 원입아동은 6,689명 감소했다고 보고했다. 한국기독교장로회는 교회학교가 있는 교회를 대략 900개 정도로 파악하고 있다고 답변했다. 이와 같은 상황 속에 우리는 현재와 앞으로 미래 교회의 현실을 냉정히 바라보고 성경적이며 본질적인 교회의 모습, 코로나19 이후 아니 당장 2022년도에 교회의 역할에 대해 실제적인 대안을 고민해야 할 때이다. 교회학교 지도자들 모두 암담하고 답답함을 느끼고 있을 것이다. 필자도 그런 적이 있다. 이 지면을 통해 10년 전 더 이상 내일이 없어 보이는 교회의 현실을 직시하고 대처했던 내용들을 자세히 공개하려고 한다.

1. 동홍천 교회의 어제와 오늘 그리고 내일을 꿈꾸다

　필자가 목회하는 곳은 강원도 홍천군 화촌면 외삼포1리에 소재한 감리교회이고 홍천읍에서 조금 떨어져 있는 작은 마을로서 약 98가구가 모여 살고 있다. 어느 새 홍천에 와서 목회한 지 14년이 된다. 내가 부임하고 나서 성령의 크신 은혜와 역사로 첫 해 99명, 두 번째 해 100명의 불신자들이 전도되었고 교회학교와 학생부, 청년부는 150여명까지 급부흥을 하였다. 오직 성령의 역사였다. 마을에 대단위 아파트가 있는 것도 아니고 특별한 전도 프로그램과 양육프로그램이 있었던 것도 아니었다. 오직 뜨겁게 성령을 체험하고 변화된 아이들이 지역과 환경의 경계를 뛰어넘어 전도한 결과였다.

　성령의 역사는 초대교회처럼 재현되었다. 눈에 칼을 맞아 시력을 잃은 아이가 치유되고 날 때부터 귀가 들리지 않던 아이가 회복되며 귀신들린 자가 놓임을 받는 역사와 함께 일어났다. 아이들의 성령체험은 어른들에게 도전을 주었고 교회는 기도하고 전도하는 교회로 변해갔다. 어느 날 타지에 나가 있는 김효란이라는 청년이 고향 교회를 찾아 왔는데 "목사님 우리도 청년회를 조직했으면 좋겠습니다"는 제안을 하였다. 처음 시도해 보는 청년부라 두렵기도 했지만 세 명으로 출발한 청년부는 함께 모여 기도하기 시작했고 학생들도 함께 기도에 동참했다. 그들 대부분은 어릴 때부터 교회학교에서 자라났던 아이들이다. 나는 아이들에게 만날 때마다 다음과 같은 비전을 심어 주었다.

　첫째, 너희가 고향 교회를 지켜라.

둘째, 성령을 체험하라.
셋째, 시대적 사명을 감당하는 일꾼이 되어라.
넷째, 민족의 지도자와 어깨를 나란히 하는 자들이 되어라.
다섯째, 너희가 교회에서 걸레를 들 수 있는 믿음을 가지라.

처음 몇 명으로 시작된 학생부는 70여 명을 넘었고 주일학교 40여 명, 청년부도 40여 명을 넘어섰다. 갈수록 아이들은 기도하면서 은혜를 체험했다. 차량 운행을 위해 버스를 구입하여 지역을 순회하도록 했다. 이 전도의 열정은 어른들에게까지 번져나가게 되었고 전도를 위한 전도차를 구입하여 매일 전도에 도전하기에 이르렀다. 다음세대가 늘어나자 정기적인 찬양 집회와 기도회를 만들어 그들의 영혼을 더욱 힘써 지키려고 애를 썼다. 교회 창고를 리모델링해서 카페를 만들어 소그룹 모임을 갖는 공간으로 활용했다. 아동·학생·청년들이 많이 나왔지만 대부분 초신자인 경우가 많았다. 그들은 교회에 나오면서 삶이 건강하게 변했고 동홍천 공동체는 믿지 않는 부모들도 자녀를 보내고 싶어 하는 교회가 되었다. 비전을 세워주기 위해 1년에 한 차례씩 해외 비전트립을 기획하고 현지에서 지역 주민들을 위한 봉사활동을 하기도 했다. 집회 때는 앉은뱅이가 낫는 역사가 일어났다. 온 성도와 교회 공동체가 다음세대에 모든 힘을 쏟아붓고 적극적으로 발 벗고 후원했다.

2. 교회의 위기를 보게 되다

열심히 목회하던 중에 시련의 시기가 찾아왔다. 한창 교회가 뜨겁게 부흥하던 즈음에 갈등이 일어났는데 일부 교인들이 목회를 비난하며 반대하기 시작했다. 뼈를 깎는 고통의 시간을 보내야만 했다. 이 일들은 나에게도 교우들에게도 큰 상처와 아픔이었다. 다행히 지금은 회복되어 새로운 도약을 준비하게 되었다. 새 술은 새 부대에 담기 마련이다. 교회의 이런 아픔과 더불어 다음세대에 대한 커다란 위기를 보게 되었다. 아동부·중등부·고등부 할 것 없이 아이들이 고학년으로 올라가면서 점점 교회를 이탈하는 현상을 보면서 이대로두었다가는 동홍천교회 공동체에 10년, 20년 후 미래가 굉장히 어려울 것 같다는 예측을 하게 되었다. 나에게 보여지는 우리 교회의 정해진 길은 끝도 없는 내리막길이었다. 그 끝에는 다음세대의 자연적 소멸이었다. 사실, 우리 모두는 이런 순간과 분위기를 공감하고 함께 감지하고 있을 지도 모른다.

3. 사력을 다해 수고하고 헌신했는데 그 결과

걱정했던 다음세대의 일들은 현실이 되었다. 학생들이 성령을 체험하고 은혜를 받아 목회 가운데 23명의 신학생과 사모를 배출하게 되었다. 100명의 목사 선교사 사모가 배출되기를 사명으로 여기고 기도해 오던 터라 기뻤지만 사역지로 모두가 떠나 가버린 시골 교회의 미래는 암담하기만 했다. 젊은 성도들은 직장을 따라 도시로 떠나고 노인들은 요양원으로 점점 사라지고 아이들은 전도를 하러 가도 전도지조차 받지도 않고 냉담한 현실 앞에 엄청난 위기를 느꼈다. 불과 몇 년 전 까지만해도 이 정도까지는 아니었다. 스마트폰과 세상에 마음 빼앗긴 아이들은 교회가 더 이상 흥미 있는 곳이 아니었다. 썰물처럼 빠져 나가는 성도들과 아이들을 보며 낙심은 이루 말할 수 없었다.

4. 스마트 폰의 보급 이전과 이후 세대로 달라진 영적 형편

나는 스마트폰이 보급되고 너도 나도 모든 아이들이 게임에 중독되고 없으면 안 될 시점이 된 2010년이 서서히 침체되는 내리막의 기점으로 본다. 스마트폰이 보급되기 이전 세대들과 이후의 세대들의 영적 상태는 현장에 있는 지도자들은 설명할 필요도 없이 잘 알고 있으리라 생각된다. 교회학교가 2014년까지는 현상 유지라도 했지만 해가 거듭될수록 급격한 감소현상을 눈으로 보며 마음 아파해야 했다. 이제 다음 세대를 어떻게 교육시키고 운영해야 하나? 생각할 만큼 심각한 고민에 빠지게 되었다. 아이들에게 흥미를 유발하고, 교회에 발 붙여 놓기 위한 하나의 방법으로 교육관에 함께 모여 게임을 할 수 있는 컴퓨터방을 설치했다. 그 일이 신세대 목사가 할 일이라고 동의했다. 생각해 보면 너무도 어리석은 일이었다. 교회는 간식을 주고 세상이 주는 동일한 기쁨과 즐거움을 주는 곳이 아니라 복음을 주는 곳이라는 본질을 놓쳐 버리고 말았다.

5. 내가 가장 후회하는 일 중에 하나

청소년들과 청년들이 부흥하는 동안 아이들을 교사들과 신학생들에게만 맡겨 놓았다는 사실이다. 담임목사로서 직접 아이들의 영혼들을 돌아보지 않았다는 것이었다. 신학생들을 부리며 거들먹댈 줄만 알았지 어린 영혼을 깊이 사랑하고 돌보는 일을 소홀히 했던 일은 참으로 부끄럽게 생각하고 후회하는 일이다.

II. 동홍천교회의 목회 방향의 전환

1. 성령이 주시는 영감으로 공동체의 비전을 품다

하나님께서는 나에게 특별히 다음 세대에 대한 부흥사의 사명을 주셨다. 어린이은혜캠프 주강사가 되었고, 청소년, 청년 집회에서 사역을 하고 지금도 여전히 사역의 불을 옮겨 장년들을 위해 집회를 다니는 상황인데 2014년 어느 날, 꿈에서 하나님께서 "내가 이제 너에게 새 일을 행하리라"는 말씀을 금으로 된 성경에 새겨 주심으로 성령의 큰 확신을 얻고 초대 교회와 같은 공동체성 회복에 대한 비전을 품게 되었다. 그것은 가장 먼저 교육선교의 확신이 들었다. 교회라는 말보다는 우리가 교회 공동체라는 단어를 사용하여 공동체성을 인식시키는 것에 주력했다. 우리 교회가 하나님 안에서 공동체성을 잃어버리지 않도록 함께 자라나는 것이 목표이다. 이제 목회의 방향을 기성세대들과 다음세대들 더 잘 정착할 수 있는 요람에서 천국까지 전체를 아우를 수 있는 그림을 가지게 된 것이다.

이 시대가 초대 교회와 같은 공동체성을 회복해야 한다. 초대교회는 신앙 공동체였다. 우는 자들과 함께 울고 웃고 복음 안에서 하나 되었다. 오늘날에는 같은 교회 공동체 안에도 인정, 동정, 감정을 나눌 수 없

신앙공동체

을 만큼 개인주의가 극대화되어 가고 있다.

2. 신앙 공동체, 교육 공동체, 경제 공동체를 이루다

10년 전 거룩한 목회적 고민의 시작은 하나님의 비전을 품고 보게 했다. 위기 속에 하나님은 기회를 보게 하셨고 새로운 비전을 주셨다. 청년들이 일자리가 없어 고향을 떠나는 현상은 다음세대의 감소로 이어졌고 그로 하여금 교육 공동체를 세워야 한다는 열망을 갖게 했다. 무엇보다도 재정의 감소로 인해 교회의 존폐 위기가 불과 10년 안에 일어날 일로 보였기에 교육 공동체와 경제 공동체를 실현하는 일은 너무도 시급한 일이었다. 그러나 나는 암담한 교회의 미래를 생각과 염려만 하고 있었지 구체적인 미래 공동체에 관해 준비하지 않았다. 그런 나에게 하나님은 끊임없이 신앙공동체, 교육 공동체, 경제 공동체에 관한 불타는 소원을 주셨다. 지금은 목회 방향의 가장 중요한 세 가지 축이기도 하다. 풍년의 때에 흉년을 대비한 요셉의 마음을 하나님이 지금이라도, 이제라도 주시면 된다. 그것은 성령께서 우리 다음 세대를 향한 뜨거움을 가진 영적 지도자들에게 하나님의 영광을 따라 위로부터 풍성하게 부어 주시는 영적안목과 능력일 것이다.

3. 교육 공동체 '이끌라 318 기독사관 학교'를 개교하다

〈이끌라 318 기독사관학교〉는 창14:14에 아브라함이 그 조카가 사로잡혔음을 듣고 집에서 길리고 훈련된 자 318명을 거느리고 구출한 사건을 기초하여 하나님의 말씀으로 훈련받은 하나님의 사람을 양성하고자 하나님의 약속으로 세워진 교육기관이다. 성경의 가르침을 통해 하

교육공동체

나님께서 지으신 목적을 바로 알고 선한 영향력을 끼치는 세계적 리더들을 양성하도록 하는 데 목적이 있다. 어느 날 나는 위기를 감지하고 위기를 극복하기 위해 단 한 명의 아이라도 말씀으로 잘 양육해야겠다는 생각을 하게 되었다. 많이 사랑하는 것보다 잘 사랑하는 것이 중요하다. 하나님의 얼굴을 2년간 구했다. 교회 안에 학교를 할 수 있도록 기회를 주시고 환경을 열어 달라고 말이다. 기도는 문제를 해결하는 만능열쇠와도 같다. 닫힌 문을 기어코 열고야 마는 하나님의 능력이다. 할 수 없는 일에 하게 하시고 될 수 없는 일에 되게 하시는 이가 하나님이시다.

그래서 나는 먼저 성도들에게 2년간 비전으로 선포하고 꼭 기독학교를 세워서 하나님의 사람을 양성해야 한다고 시간시간 설득했다. 모두가 납득하고 용납하고 이해할 수 있도록 말이다. 여러 방면으로 학교를 설립하기 위해 알아보았지만 도움을 주는 곳이 없어 많은 어려움에 부

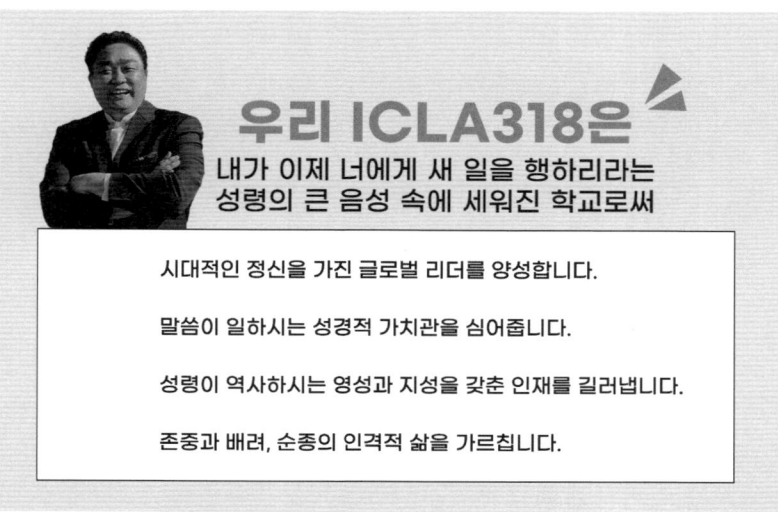

"주를 위하여 세운 백성을 준비하는 학교."

딪혔다. 학교마다 전화를 걸어 학교 설립을 위해 문의하기 위해 문을 두드리게 되었는데 번번이 거절당했다. 학교에 아이를 등록하는 줄 알고 친절히 전화를 받기도 하고 다시 전화가 오기도 했다. 그런데 학교 설립을 문의하면 모두가 냉정하게 대하곤 했다. 그러기도 할 것이 모두가 경쟁자로 여겼기 때문일 것이다. 다행히도 동탄기독학교 국진호 교장선생님과 강미영 사모님이 흔쾌히 도와 주셔서 어린이 선교원과 학교가 기적적으로 설립되었다. 곳곳에 기독 학교가 많이 세워져야 한다는 말씀에 큰 감동을 받았다. 아직 까지도 그분들의 도움에 감사함을 드리지 않을 수 없다. 아울러 온 성도의 전폭적인 지지와 기도와 후원으로 기적적으로 교회 안에 8명으로 학교가 시작되었다. 큰 교회만 할 수 있고 돈이 있어야 할 수 있으며 전문가만 할 수 있는 일이라고 여겨졌지만 하나님이 하셨다. 어릴 때부터 자라난 아이가 청년(효란, 화경, 현선, 해리)이 되고 고향으로 돌아와 참된 동역자가 되어 가장 아름답고 꽃다운 나이를 희생과 헌신으로 하나님께 드리며 교사의 자리를 지키고 채워 교육 선교의 사명을 이루어 가는 학교가 되었다.

> 그가 또 엘리야의 심령과 능력으로 주 앞에 먼저 와서 아버지의 마음을 자식에게, 거스르는 자를 의인의 슬기에 돌아오게 하고 주를 위하여 세운 백성을 준비하라 - 눅1:17

4. 동홍천교회 공동체의 다음세대 교육의 흐름들

코로나로 인해 교회학교가 어렵다 하지만 우리는 교회 교육이 전혀 영향을 받지 않았다. 우리는 교회와 학교와 가정이 함께 하는 쉐마 교육을 하기 때문이다. 지금은 교회가 모든 힘을 다음 세대에 쏟아부어야 할 때다. 우린 지금 그렇게 하고 있다.

전교인 통합예배

처음에는 어떻게 어린아이가 어른 설교를 들을 수 있을까? 생각하지만 우리교회는 5살 아이도 전교인 통합 예배를 통해 한 줄기의 말씀을 듣는다. 처음에는 쉽지 않았지만 훈련을 통해 아동부도 학생부도 청년부도 함께 말씀을 듣고 나눌 수 있게 되었다. 모든 공적 예배는 부모님과 함께 참여하고 있으며 부모들의 영적 성장을 돕고 있다.

매일의 큐티와 예배 그리고 말씀 암송 훈련의 생활화

모든 아이들은 전교인 통합 예배뿐만 아니라, 학교에서 아침마다 큐티와 예배를 드린다. 매주 수요일 어와나를 통해 말씀 암송 훈련을 하고 있으며, 가정에서는 매일의 말씀 암송 체크를 통해 부모님과 함께 신앙 훈련을 하고 있다. 일일 생활 점검표를 통해 아이들의 영육의 상태를 부모들로 하여금 매일 체크하도록 하고 있다. 청소년부는 주일 예배 설교 때 받은 은혜를 원어민 교사와 함께 영어로 받은 은혜를 나누는 훈련들을 하고 있다. 또한 청년부와 지속적으로 함께하는 시간을 보내며, 믿음의 선배들의 삶의 모습을 직접 보고 듣고 나누며 배워가고 있다.

말씀이 일하시게 하라

청년부는 별도의 성경공부나 제자 훈련 교재를 사용하지 않는다. 매

시간 공적 예배만 잘 드리고 말씀을 읽고 나눔만 잘해도 신앙생활에 승리한다. 담임 목회자와 함께 하는 청년부 말씀 나눔은 주일 예배 후 약 3시간가량 진행된다. 한 주간의 삶과 주일 말씀의 은혜를 나눌 때마다 채찍과 격려의 코멘트들을 해준다. 청년들의 생각과 마음을 성경적으로 다듬어갈 수 있도록 격려와 위로의 말씀을 통해 지치고 어려운 마음들을 다잡고 다시 일어나 한 주를 살아가게 되는 시간들을 갖고 있다.

교회에서 걸레를 들 수 있는 헌신된 믿음을 가진 자로 교육하라

나는 나의 자녀들은 물론이고 모든 성도들로 하여금 공동체에서 일어나는 모든 일들을 섬기도록 독려하고 직접적으로 참여하도록 훈련시킨다. 교회의 대소사에 직분자들만 수고하는 것이 아니라 젊은 청년들도 청소년도 어린 아이들도 직접 성전보수나 행사진행을 도와 공동체를 함께 만들어나가는 훈련의 시간들에 때마다 참여시켰다. 성전 벽타

걸레를 들 수 있는 믿음을 가져라

일 보수하기, 화장실 변기 뜯어 고치기, 페인트 칠하기 등등 전문가들이 할 수 있는 일들도 척척 배워서 섬기도록 했다.

몸이 있는 곳에 마음이 있기 때문에 함께 헌신의 현장에 참여한 아이들과 그렇지 않은 아이들의 영적 성장 속도에는 분명한 차이가 있었다. 이런 시간들이 쌓이고 쌓여 지금도 부르신 이 자리에서 청년들이 교회를 사랑하며 섬기고 다음세대를 세우는 일에 함께 동참할 수 있는 것이다.

다음세대 100년을 준비하라 – 부모교육, 진로지도, 영성훈련이 필수다

교회가 영적인 것만 책임지면 되는 줄 알았다. 예배만 하고 예수만 잘 믿게 하고 성령 체험만 하도록 도우면 되는 줄 알았다. 아이들의 진로, 미래, 방향도 상담하고 지도할 수 있어야 한다. 왜 세상 사람들로 하여금 맡겨진 내 아이들의 인생의 진로를 무책임하게 맡기도록 방치했는가? 후회가 된다. 조금만 더 기독교 교육에 일찍 눈떴더라면 아이들의 인생사에 멋진 영적 상담과 달란트를 통한 재배치를 통해 그들이 마땅히 가야 할 길을 가르쳐 주었을 텐데 아쉬움이 남는다. 한 달에 한 번 반드시 학부모 교육과 기도회를 하고 있다. 더불어 아이들의 통성기도 훈련은 빼놓을 수 없는 일들로서 그들을 영적 성숙의 길로 이끌어 준다.

5. 경제 공동체가 실현되다 – "우리는 순종하고 하나님은 역사하신다."

나는 언젠가 교회가 전기세도 못 내는 날이 올 것이라 생각했다. 그것이 실제가 되었다. 숨만 쉬어도 들어가야 할 유지비들이 있다. 줄일

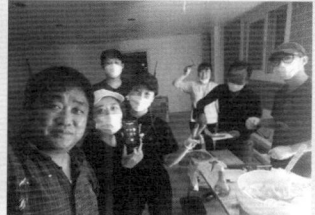

경제공동체

수도 없다. 성도들의 헌금만으로 해결될 일이 아니다. 이 쇠락의 시기에 시대적 흐름을 읽어야 할 것이다. 가만히 앉아서 소멸되는 교회가 될 것인가? 살아남을 것인가? 공동체에 비전을 제시해야만 했다. 젖과 꿀이 흐르는 가나안으로 인도해야 할 책임이 느껴졌기 때문이다. 청년부였던 제자가 시집을 가고 장년부가 되어 교회 안에 정착했다. 몇몇 젊은 사람들을 모아 창업 동아리를 만들고 청년 일자리 창업 지원센터를 방문했다. 8개월 이상 수 차례 함께 교육을 받고 사업계획서를 작성하여 정부의 지원금을 받게 되었다.

또한 교회의 전폭적인 지원으로 드디어 두 개의 매장을 함께 하는 샵앤샵을 오픈하기에 이르렀다. 카페 포터스하우스는 토기장이의 집이라는 뜻으로 목회와 비즈니스를 성공적으로 이끌어가고 있는 동기 조백현 목사의 조언과 도움 아래 사업장의 공사는 청년들과 재능을 가진 이들의 충성과 헌신으로 이루어졌다. 공동체를 위해 걸레를 들 수 있는 믿음을 가지라는 가르침이 발휘되는 시간들이었다. 모두의 손길이 닿지 않는 곳이 없기에 뿌듯한 결과물로 여길 만큼 애착이 간다.

현재 고난에 처한 한국 교회 성도들과 다음세대들의 위기 극복이 가능할까? 나는 얼마든지 누구든지 가능하다고 믿는다. 영적 지도자가 낙심하고 절망하지만 않는다면 말이다. 그러나 몸부림쳐도 안 되는 일이 있다. 그 시간을 다 견디고 다 보내고 하나님 앞에 다 지나고 난 다음에야 하나님은 역사하신다. 그래서 하나님의 뜻이 실현되기까지 철저한 순종이 필요하다. 하나님의 복된 계획이 지연되거나 훼손되지 않기 위해서다. 교회 미래의 비전을 보고 있고 믿음으로 말하고 있는가? 함께 이루고자 하는 거룩한 일에 동참하고 있는가? 그렇다면 오늘 내가 선 자리에서 순종을 위한 마음의 결단이 있는가? 를 가장 먼저 살펴야 할 것이다. 말씀으로 자기를 살펴 순종하지 않는 것은 망령된 일이기 때문이다. 음식이 변질되고 상하는데 며칠 혹은 몇 주가 걸리지만 사람 마음 변하는 것은 1초도 걸리지 않는다. 흔들리는 마음은 어쩔 수 없다. 그러나 생각과 마음을 지켜야 경제 공동체는 실현된다. 돈은 맘몬이다. 세상의 신이다. 이 신과의 영적 싸움은 만만치 않은 싸움이다. 선교기관인 이 공동체가 잘 세워지기란 모두가 같은 생각, 같은 뜻, 같은 마음을 먹기에 달려 있다. 출발부터 결이 달라서는 안 된다.

경제 공동체의 가장 큰 목적은

첫째, 교회를 세우고 학교를 세우는 것이다.

둘째, 선교기업으로서 홍천에 전도를 할 수 없는 상황 가운데 다음세대의 전도 거점을 삼는 귀한 터전으로서의 역할이다.

셋째, 성도들의 가정에 일자리를 창출해 주고 앞으로 10개의 매장을 교회 공동체에서 운영하도록 하여 각 사람에게 하나님의 부요를 일으켜 주는 일이다.

돈이 목적인 사람과 선교기관으로서의 사명을 생각하는 사람은 다를 것이다. 마음을 하나로 모으기가 쉽지 않다. 돈을 버는 것이 가장 우선순위에 있다면 삐걱거릴 수밖에 없다. 사람은 두 종류가 있다. 생각만 하는 사람, 생각한 것을 실행하고 믿음의 결국을 보는 사람 이다. 10년째 말로만 했던 경제 공동체 사업을 이제야 실현시켰다. 그동안 생각으로 사업장을 얼마나 많이 세우고 허물었는지 모른다. 모두가 안 된다, 망한다. 할 수 없다고 말하는 이야기 속에 도무지 첫 발을 떼지 못했고, 누구도 동의하지 않는 일들에 전진하고 나아가는 일들은 결코 쉽지 않았고 꿈도 꾸지 못한 일이었다.

하지만 더 이상 미룰 수 없었다. 첫걸음을 뗄 때 하나님은 무섭게 흐르는 요단강의 시뻘건 진흙물을 멈춰 서게 하시고 마른땅을 걷게 하듯 내게도 길을 열어 주셨다. 하나님은 사막에서 강을 내시고 길을 내시는 분이다. 물론 여전히 싸워야 할 영적 전쟁이 남아 있다. 공동체 일원들의 들끓는 마음을 하나로 모으는 일들, 이 기업이 선교 기관으로서 자리매김하고 홍천의 전도 거점으로 삼아 지역을 섬기고, 세상의 문화 속에 깊이 그리스도의 성경적 문화가 젊은이들에게 차곡차곡 쌓여 가도록 하는 일들, 우리 교회와 학교 그리고 국내외 목회자들을 잘 섬기는 일들이다. 교회 안에 무엇을 계획하고 선한 사업을 성공시키기 위해서는 하나님의 전적인 지지와 섭리를 전제로 하고 반드시 세 가지가 더 필요하다. 즉 예산과 콘텐츠와 사람이다. 그중에 가장 중요한 것은 사람이다. 관계다. 돈이 없어도 관계가 좋으면 행복하고 콘텐츠가 부족해도 서로 간의 네트워크가 형성되고 아이디어를 공유하면 사람과의 관계 속에 좋은 문이 열린다고 믿는다. 코로나19의 위기 속에서 아무리 세상이 교회를 비난하더라도 여전히 교회는 세상의 희망이다. 예수가 진리고 생명이기 때문이다. 우리가 과연 이 이야기들처럼 할 수 있을까? 의심도 두려움도 들겠지만 너도 나도 두렵기 마찬가지다.

"마음이 있으면 길이 보이고 마음이 없으면 핑계만 보인다."

모세도 홍해 앞에서 여호수아도 요단강 앞에 두렵기 마찬가지다. 그러나 그들은 하나님 편에 섰기에 담대할 수 있었다. 오늘 우리도 하나님 편에 서서 하나님의 뜻에 잘 순종하면 이 어려운 시기를 잘 극복하는 것이라고 말하고 싶다. 늦었다 할 수 없다고 여겨지는 지금부터 10년을 포기하지 말고 준비하면 반드시 열매가 있을 것이다. 조급해 하지 말라. 우리 교회이야기가 곳곳에 숨겨진 종들의 애통해 하는 마음에 작은 불씨가 되어 돌파를 이루어 가는 계기가 될 뿐만 아니라 이것이 작은 교회내지 앞으로 다음세대에 조금이라도 관심을 받는 한국 교회가 적용할 수 있는 자그마한 샘플이 될 것 같아 이러한 내용을 말씀드리게 되었다.

III. 제언

　이 시대는 비열한 인생이 높임을 받고 악인이 판을 치는 시대다. 그 가운데 우리 아이들은 교회 중심의 신앙생활을 잃어버렸으며, 교회는 지역 사회의 공적인 역할뿐만 아니라 영혼들을 직접 대면하여 영을 만지고 섬길 수 없는 시대가 되었다. 세상은 "교회" 소리만 해도 경기를 일으킨다. 야금야금 우리아이들이 세상에 마음을 빼앗기고 신앙과 예배가 도적질 당하고 있다. 충분히 근거 있는 두려움과 모이기를 폐하게 하는 이러한 규제들은 성도들의 안전을 위해 마땅한 일이라 여겨지지만 결론은 철저히 하나님과 분리 하게 되는 통로가 되어 가고 있다. 하나님과 멀어져 순종과도 멀어져가고 내가 하고 싶은 대로 하라는 세상의 소리에 힘을 얻는 세대들, 그것이 우리의 자녀들인데 그런 우리 자녀들을 어떻게 지켜야 할까? 나의 자녀들에게 사단이 말하고 있다. "그래, 주일은 지켜. 예배를 드려. 나머지 6일은 내가 책임질게." 그러나 그 하루마저도 빼앗기고 있다. 우리 모든 교회와 모든 지도자, 성도들에게 하나님의 다림줄이 내려 진 시기를 지나고 있다.

　하나님의 관심은 알곡에 있다. 가라지에 있지 않다. 우리 먼저 공적 예배가 사모되어야 한다. 결코 타협하지 말자. 모든 교사, 모든 성도가 결심해야 한다. 교회는 단 한명의 아이라도 하나님의 다림줄(기준)안에 바르게 세워 지도록 돕는 영적인 교육선교기관이 되어야 한다. 앞으로는 온라인 교회에서 예배를 대체하고 꼭 예배를 드리지 않아도 된다고 이야기 하는 사람들이 늘어나고 있는 실태다. 과연 이런 영적 훈련과 교회 교육의 현장이 무너져 버린 시대에 우리 다음세대를 책임지고 있는 영적 지도자들이 무엇을 해야 할까? 미래에 대한 두려움으로 가득한 한국교회가 이를 극복해 나가기 위한 대책 마련을 더 이상 미룰 수 없다. 그러기 위해 코로나 이후 우리 모든 교회의 미래 교육 공동체가 나아가야 할 대안을 정확히 보고 비전을 함께 공유해야 할 것이다. 이제라도 믿음의 경계를 지키도록 바른 영적 분별력을 가진 지도자들이 대안을 가지고 흐트러짐 없이 주를 섬길 수 있도록 똑바로 서도록 도와주어야 한다. 위드 코로나로 진입하는 2022년도에 존경하는 목회자 여러분들께서는 이제 결단해야 할 기로에 있음을 공감한다.

다음세대 목회에 결단을 하신다면 아래와 같이 제안한다. 이 시대 무너진 교회를 다시 일으킬 전략이다.

"너는 전략으로 싸우라 승리는 지략이 많음에 있느니라"
-잠언 24:6

1. 교회 속의 교회, 절대로 문 닫지 말라 - 초등학생 단 1명이 있어도 교회 속의 교회로서의 키즈 처치를 운영하라

2030년에 주일학교의 90%가 없어질 것이라는 일부 교계의 비관적 전망은 타당성이 있다. 교회학교가 초토화된 분위기다. 문을 닫았던 교회는 일단 무조건 열어야 된다. 예배할 수 없는 여건이 안 된다면 어른들과 함께 통합으로 예배하도록 훈련해야 한다. 이웃의 작은 교회와 네트워크를 형성해서 연합함으로 세워가야 한다. 작은 물이 모이면 웅덩이가 된다. 시내가 될 수 있다. 그리고 다음세대부흥본부에서 거기에 대한 설교나 찬양 모든 것을 다 지원을 한다.

여러분들은 더 쉽다. 나도 다음세대부흥본부의 일원으로서 여러분의 궁금한 사항들을 지속적으로 지원해드릴 수 있다. 언제든지 탐방도 가능하다. 우리 공동체에서는 읍내에 카페를 개업했는데 그곳은 다음세대를 살리는 거점이 되리라 믿는다. 교회의 장소가 아니라도 괜찮다. 복음을 심어 줄 수 있는 그곳이 영광이 부어지는 자리가 될 것이다. 우리는 일하고 하나님은 역사하신다.

2. 열매를 맺으려면 10년을 집중하라

다음세대 목회, 짧게 보면 안 된다. 14년을 함께한 아이가 청년이 되고 교제를 하고 결혼을 하고 참된 동역자의 열매를 맺게 되었다. 금방 열매가 없다고 포기하지 말고 마음을 다해야 한다. 마음을 다한다는 말은 "즐겁고, 힘차게 일한다"라는 뜻이다. 10년을 돈도 안 되는 일에 꾸준히 마음을 쏟는다는 것은 쉽지 않지만 해야만 하는 일이다. 교육이란 하루 아침에 되지 않는다. 목회 14년을 돌아보니 반복적인 교육이 답이다.

3. 온 성도가 다음세대에 올인하라 – 교회 안에 시대적인 인물을 키우는데 몰입하라

지금은 교회의 모든 힘을 다음세대에 쏟아부어야 한다. 지금 승부를 보지 못하면 무너진 교회학교는 흔적도 없이 찾아볼 수 없을 것이다. 지금은 교회가 쏟는 힘의 방향을 바꿀 때다. 장년 중심의 목회 집중이 위기를 가속화 했다. 장년부도 중요하지만 아이들은 더 중요하다. 교회를 짓고 건물을 사고 땅을 살 것이 아니라 사람을 키워야 한다. 백성의 지도자와 어깨를 견줄 만한 인물이 계속 우리의 교회 안에서 배출 되어야 한다. 자녀를 보내고 싶은 교회로 전환되어야한다. 지금까지 우리는 그렇지 않았다. 교회 학교 교사나 교육 담당 목회자의 몫으로만 여겼다.그들에게 맡겨만 둬서는 안 된다. 담임목사님이 직접 끌고 가야한다. 그리고 올인 해야 한다. 전교인이 물질과 기도로 후원하여 한 영혼이라도 세워가길 기도해야한다.

4. 식탁 공동체로 교제하라 – 지속적으로 교사들과 교회 안 리더들과 식탁 공동체를 통해 교제를 하라

초대교회가 날마다 마음을 같이 하여 성전에 모여 떡을 떼며 교제했듯이 아이들에게 가정을 오픈하고 함께 먹고, 자고 함께 웃고, 울며 그들의 영육을 돌보는 일에 힘썼다. 진정한 가족으로서 멤버십을 갖도록 격려해야 한다. 관계개선에 식탁의 교제만큼 좋은 것은 없다. 알아서 나름대로의 순종과 헌신은 없다. 교사의 역량은 목회자와의 관계에서 나온다. 교제 가운데 밥만 먹고 끝나서는 안 된다. 목회의 비전을 끊임없이 심어 주어야 한다. "성령을 체험하라", "백성의 지도자와 어깨를 나란히 하는 사람이 되라", " 대학가도 주일은 반드시 본 교회에서 와서 섬겨라.", "고향 교회를 너희가 지켜야 한다.", "걸레를 들 수 있는 믿음을 가져라", "하나님의 사람을 양성하는 학교를 세워야 한다.", "미래를 준비하는 경제 공동체가 교회 안에 꼭 있어야 한다.", "인생에서 가장 꽃다운 시기를 하나님께 드려라.", "심어야 복을 받는다." 등 매 순간이 가르침과 권면의 시간이다. 그로 인해 군산, 공주, 대전, 수원, 충주, 춘천 서울 원근 각처에서 가르침을 받은 청년들이 매주 교회에 찾아와 아동부를 섬기고 학생부를 섬기고 이제는 어른이 되어 학교와 교회의 중직이 되었다. 오늘 나의 목회 철학을 지속적으로 연속적으로 끊임없이 삶 속에 녹여내고 흘려보내야 한다. 우리 교회 청년들이 성장하여 믿음의 자리를 지키는 것처럼 다음세대에도 어릴 때부터 직접 이러한 훈련들을 시키고 끊임없이 말해주고 있다. 지속적으로 귀에 들리는 권면을 통해 아이들의 내면에 신앙의 뿌리가 잘 내려질 수 있게 되었다. 청년부가 대학생이 되고 직장인이 되어 타지로 나가서 생활해도 주일마다 본 교회에 와서 섬길 수 있었던 것은 어린 시절부터 목회자와 밀접한 식탁의 교제 속에서 듣는 밥상머리 가르침의 영향이 컸다.

5. 공동체성을 회복하라 - 성도들의 신앙을 넘어 경제와 교육에 관심 가져라

우리는 한 몸 공동체라는 인식을 가지고 교회들은 지금 미래를 함께 고민하며 시대적인 흐름에 순응해야 한다. 영적 가뭄의 시대, 무엇을 심어도 되지 않는 어려움의 때, 무엇보다도 풍년의 때에 흉년을 대비한 요셉처럼 지금이라도 더 나빠질 흉년의 때를 준비해야 한다. "눈물로 씨를 뿌리는 자는 기쁨으로 단을 거두리로다." 노인들도 사라지고 직장 따라 청년들은 떠나가고 아이들은 없어지는 시대! 교회가 살아남기 위해 미자립 교회 목사들은 톱과 망치를 들고 나아가야 하고 택시 운전이라도 하거나 사모들은 식당에 가서 일이라도 해야 하는 실정이다.

교회의 경제 공동체화를 모색해서 재정을 마련할 대책을 수립해야 한다. 경제 공동체를 마련하는 것이 미래 교회 혁신의 시작이 될지 실험으로 끝날지 미래를 장담할 수 없다. 우리가 나아가고자 하는 경제 공동체 방향성이 하나의 사업으로서의 실패 또는 성공으로 결론짓기보다는 긴 안목을 가지고 교회 공동체 안에 축복의 기업을 만들고자 하는 명분 아래 다양한 사업을 시도하면서 교회와 마을과 성도들의 상생의 길을 한 걸음씩 내디뎌야 한다. 또한 교회를 중심으로 신앙과 교육의 전통이 계승되도록 다양한 방법과 공동체 조직과 제도적 장치를 마련해야 한다.

그러므로 나는 아무리 작아도 교회 안에 교육 공동체, 경제 공동체가 시대적인 대안이라 여겨진다. 큰 교회가 학교를 했다면 큰 교회만 할 수 있다지만 우린 시골 교회다. 10년의 비전을 품고 나아온 결과이기도 하다. 우리 교회 내 학교를 탐방하고 간 여러 교회들 중에 실제로 도전을 받고 학교를 설립한 교회도 있다. 우리가 다시 살려 내야 한다. 머뭇대지 말고 조속히 우리 교회에 맞는 공동체를 조직하고 초대교회처럼 하나 됨을 회복해야 한다. 누군가의 것을 흉내 낸다고 될 일이 아니다. 시대적인 정신이 있어야 한다. 과연 우리가 할 수 있을까? 의문이 들것이다. 영과 의식이 변화된 두 세 사람이면 된다. 마음만 있으면 길이 보인다. 단 한 사람이라도 시작할 마음만 있다면 사막에 강을 내고 길을 내신 주님은 사람과 환경을 열어 주실 것이다. 진정한 공동체의 의미는 추위가 있을 때 함께 하는 것이다. 인생에 춥고 서럽고 어려운 때를 지날 때 서로의 짐을 나누어지는 것이 참다운 공동체인 것이다. 여전히 다음세대들의 신앙을 고민하고 갈등하는 감춰진 종들이 있다. 우리 모두가 진짜를 만들어 내는 강력하고 위력 있는 교회 공동체가 되어야 한다.

IV. 나가는 말

6개월이면 괜찮을 줄 알았다. 1년이면 될 줄 알았다. 그러나 코로나19는 좀처럼 회복될 기미가 보이지 않고 있다. 이제는 위드 코로나19로 장기화될 수도 있다. 코로나로 예측 불가능한 사회적 변화와 교육적 변화들이 생겨났다. 코로나가 진정되고 나면 얼마나 성도가 남겨질 것이며 "다시 예전의 영광과 예배의 회복은 가능할까?"를 묻는다면 이런 충격적이고 상상을 초월한 현실과 상황 앞에서 고개를 숙여 주님의 이름을 부를 수밖에 없다. 코로나의 향후 전망은 두렵기 그지없다. 믿는 자나 믿지 않는 부모들을 가릴 것 없이 더 이상 아이들을 교회에 보내지 않는 게 이상한 일이 아니다.

진짜 코로나19 때문 만일까? 교회의 공예배가 코로나19로 인해 예배는 교회 나와서 드려야 한다는 생각이 사라지고 있다. 대면 예배의 개념이 무너졌기 때문이다. 다음 세대를 향한 영적 훈련이 필요하기에 그 대안으로 온라인 콘텐츠를 강화하여 수련회, 온라인 성경학교, 온라인 캠프를 열어 활용하고 있지만 신통치 않는 현실이다. 근본적으로 다음 세대들을 교회 안으로 끌고 들어와 관계를 형성해야 열매를 맺을 수 있음에도 그렇지 못하고 있다. 교회의 영적 상황, 인구의 자연적 감소, 코로나19와 더불어 어른들의 믿음도 신앙도 아이들의 교육도 곤두박질 치는 것은 전혀 이상하지 않는 일이다. 이미 예측된 일들이었기 때문이다.

위기와 맞닥뜨렸다. 이대로 있다가는 우리 신앙의 질을 바꾸어 놓을 것이다.

다음세대들은 급속도로 감소하는 현상이 가속화되고, 목회자들과 사모님들은 일터를 찾아 나가고 교회들은 속수무책으로 문을 닫는다. 코로나19의 충격은 모두가 힘들다는 이야기뿐이다. 결국 힘써 일했지만 보이는 열매는 없고 사역자들은 점점 지치고 포기하게 된다. 마치 장사가 안 되서 폐업하는 사업장처럼 견디다 못해 문을 닫아 버린 교회학교가 넘쳐나고 있다. 장사로 따진다면 결코 교회학교는 남는 장사가 아니라 손해 보는 장사임에 틀림이 없다.

이대로 있을 수는 없다.

그 손해와 막대한 희생을 감수해서라도 우리는 지켜 내야 할 것이 있다. 바로 한 영혼의 세워짐이다. 그나마 큰 교회는 견딜 수라도 있지만 작은 교회들, 예배조차 드리기도 버거운 소규모 농촌교회, 개척교회, 미자립 상가 교회는 엄두를 내기도 쉽지 않을 것이다. 우리 모두의 고민이고 풀어야 할 과제이기도 하다.

시골교회만 위기일까?

아니다. 큰 교회라고 안전할까? 큰 교회일수록 현장에 있는 지도자들은 벌써 위기를 감지 한 지 오래되었을 것이다. 인구 고령화와 저출산의 문제도 가장 큰 요인일 수 있겠지만 현재 남겨진 교회 안에 직분자들의 자녀 신앙의 대를 이어 가는 일에 실패했기 때문이라고 여겨진다.

부모세대가 자녀들의 믿음을 바르게 세웠더라면 이 지경까지는 오지 않았을 것이다. 여가 활동을 위해서라면 사방팔방 돌아다니고 놀러 다니는 일에 코로나가 창궐해도 거리낌을 느끼지 않지만 예배에 참석은 꺼려하는 이들이 적지 않다. 마침 잘되었다는 것이다. 영과 의식이 변화되지 않고 영과 양심에 화인 맞은 자들이 넘쳐나고 있다. 많은 사람들이 엄청난 속도로 교회를 떠나고 하나님을 잃어가며 불신앙의 시대로 기울어져 가는 것을 대수롭지 않게 여기고 있다. 마지막 때 쏟아질 환난은 아직 시작도 하지 않았는데도 말이다. 믿음을 찾아볼 수 가 없다. 히 10장 25절은 힘써 모이라고 말한다. 그러나 우리의 현실은 이 말씀을 따를 수 없도록 한다.

> "어떤 사람들의 습관처럼, 우리는 모이기를 그만하지 말고, 서로 격려하여 그 날이 가까워 오는 것을 볼수록, 더욱 힘써 모입시다."-
> 히10:25_ 새번역 성경

사탄은 교회 공동체 안에서 어떻게 하든 성도들을 분리해야 믿음을 거덜 내고 원수의 계획안에 굴복시킬 수 있다는 것을 너무도 잘 알고 있기 때문에 근거 있는 두려움과 흩어짐을 조장하고 있다. 코로나19 위기 속에서 우리는 다음세대의 소멸현상을 보며 이것을 영적전쟁으로 규정해야 한다.

모두가 이긴 자로 설수 있기를 바란다.

지금 우리는 앞으로의 목회 방침과 방향을 점검하고 옷깃을 여미며 신발 끈을 묶고 다시 달릴 준비를 해야만 한다. 교회가 영을 만지고 섬길 수 있는 기능을 잃어 가고 있기 때문이다. 우린 지금 빼앗긴 하나님의 나라를 되찾아 주는 거룩한 노력이 필요하다. 우리 교회의 생사회복은 하나님의 손에 달려 있다. 우리 손에 무엇이 들려 있는지는 중요치 않다. 우리 중에 하나님이 계신지, 내가 하나님의 뜻과 방법과 계획과 의도를 따르고 있는지가 모든 것을 결정한다. 다음세대에 목숨을 걸고 인생을 걸고 승부를 걸어야 할 때다. 중요한 변화를 위한 선택의 기회가 지금 우리 앞에 놓여 있다. 용기 있는 믿음의 결단이 필요하다. 지금 결단하지 못하면 아무것도 달라지지 않는다. 우리에게 필요한 변화가 무엇인지 무엇이 기회인지 어떤 결정을 내려야 하는지에 대해 도움이 되었기를 원한다. 그 결심으로 이루어질 변화를 모두가 보게 될 것이다. 오늘 여러분의 결단은 한국 교회학교의 미래가 되고 가정의 미래가 될 것이다. 변치 않는 예수그리스도의 복음을 담기에 터지지 않는 부대로 새롭게 거듭나서 주님의 도우심이 시작되는 상식 이상의 지혜와 혜안을 소유하길 바란다. 다음세대들의 냉담과 방관을 극복하고 뜨거운 성경적 신앙, 초대교회 신앙으로 재무장해서 신앙을 계승하는 믿음의 대를 이어가기를 시도하겠다는 결심만 해도 하나님은 소원을 주시고 이루게 하실 것이다. 전국 방방곡곡 교회마다 다시 아이들의 찬양 소리와 기도소리가 뜨겁게 울려 퍼지고 마음껏 하나님을 예배하고 찬양하는 부흥의 날을 기대하고 기도한다.

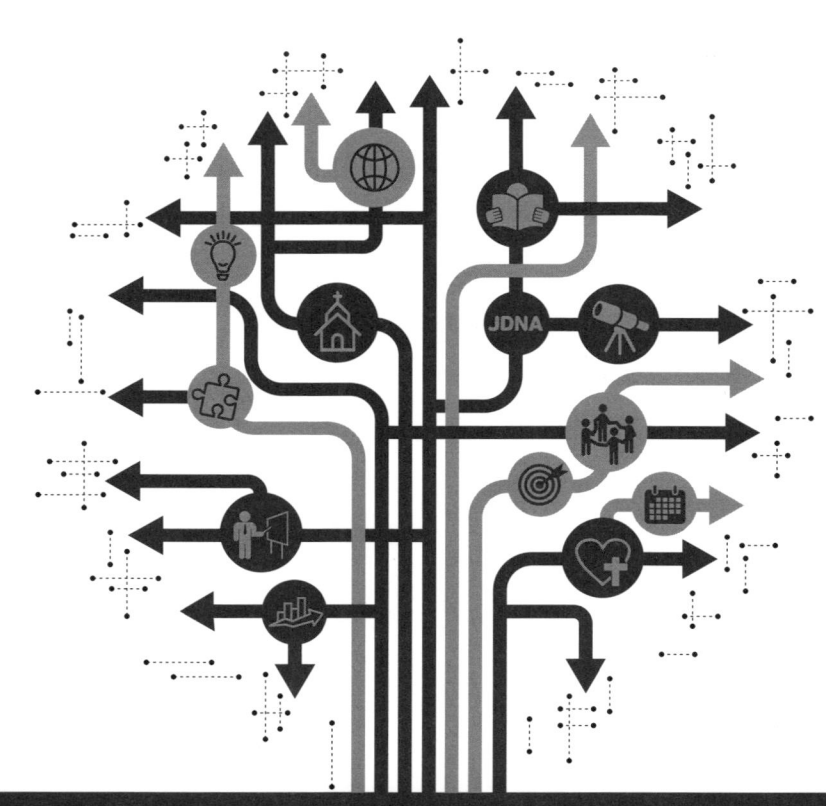

Chapter Six

교사 특강과 메시지

특강 1. 목회적 관점에서의 교사의 직무
 - 서영석 목사(한국어린이전도협회 대표)
특강 2. 메시지, 교사 스승 그리고 아비
 - 박한수 목사(제자광성교회 담임목사)

특강 1.

목회적 관점에서의 교사의 직무

서영석 목사

한국어린이전도협회 대표

1. 바울의 복음을 향한 열정

골로새서 1장 24절과 25절을 보면 바울은 "나는 이제 너희를 위하여 받는 괴로움을 기뻐하고, 그리스도의 남은 고난을 그의 몸 된 교회를 위하여 내 육체에 채우노라 내가 교회의 일군 된 것은 하나님이 너희를 위하여 내게 주신 직분을 따라 하나님의 말씀을 이루려 함이니라."라고 말한다. 우리가 이 말씀을 읽고 나면 이런 생각을 하게 된다. 이미 예수 그리스도께서 우리의 구원을 위해 십자가에서 모든 고통을 다 당하셨는데 우리가 담당할, 더 받아야 할 무슨 그리스도의 남은 고난이 있다는 말인가? 그러면 예수 그리스도의 십자가의 고난이 완성되지 않은 일이란 말인가? 하는 생각을 할 수도 있다. 그러나 이 본문의 말씀이 그런 의미는 아니다. 예수 그리스도 그분은 십자가에서 단번에 완전한 속죄 제물로 죽어주셨고 우리의 구원을 위한 모든 일을 다 이루어 주셨다. 구원을 위해서는 우리가 더 해야 할 일이 아무것도 없다. 주님의 십자가에서의 대속의 죽으심으로 그분의 구속하심을 믿는 모든 자들에게 구원의 길을 열어주신 것이다. 하지만 십자가에서의 사역은 끝났지만 십자가의 일은 아직 끝나지 않았다. 주님의 죽으심으로 구원을 완성하셨지만 이 땅에는 그 소식을 알지 못하는 자들이 아직 너무나 많이 있다. 그래서 그것을 듣지 못한 자들에게 계속 전해져야 한다. 그래서 바울은 다른 사람에게 생명의 복음을 전하기 위해 기꺼이 고통을 당할 것을 주저함 없이 선택을 하는 것이다. 예수 그리스도께서 십자가에서 시작하신 그 일을 바울은 계속 이어가는 마음으로 자신의 삶을 드려서 감당하고 있는 것이다.

바울이 그 일을 기꺼이 감당할 수 있었던 이유는 그것이 자기의 온 삶을 드리며 할 수 있는 가장 가치있는 일이라고 확신했기 때문이다. 그런 마음이 있었기에 바울은 자신의 생명을 다하여 주님의 복음 전하는 일을 완성하기 위하여 온갖 어려움 가운데에서도 전혀 그런 것들을 개의치 않고 전력을 다하여 달려갈 수 있었다. 오늘 우리가 주님을 위해 헌신하는 것도 더 많은 사람들에게 복음을 전하기 위해서이고, 우리가 교사로 섬기는 이유도 우리가 만나는 어린이들 한 명, 한 명에게 복음이 전해지기를 간절히 원하시는 하나님 아버지의 일을 마치기 위해서이다. 어쩌면 바울이 말한 주님의 고통을 채우는 일을 이루어 가고 있는 것이다.

2. 목자로서의 교사

　시편 23편에 다윗은 "여호와는 나의 목자시니 내게 부족함이 없으리로다"라고 노래하였다. 그가 하나님을 목자로 모신 삶이었기에 사울에게 쫓겨 다니며 삶과 죽음의 사선을 넘나들던 때에도 부족한 것이 없었다고 고백할 수 있었던 것이다. 성경학자들은 다윗이 시편 23편을 노래한 것이 나이가 많이 먹어서가 아닌 아직 왕이 되기 전인 20대 때였을 것이라고 말한다. 실제로 목자였던 다윗은 목자가 없이는 잠시도 생명을 유지할 수 없는 양의 모습을 너무나 잘 알고 있었다. 실제로 교사는 어린이에게 목자의 역할을 해 주어야 한다. 목자는 양을 이끌고 양들이 먹을 수 있는 초장으로 데리고 간다. 그 초장 안에 독초가 있다면 좋은 목자는 그것을 제거해 주어야 하고, 영양가 있는 풀들을 먹을 수 있도록 안내를 해 준다.

　반추동물인 양은 위가 여러 개 있어서 한꺼번에 많은 양의 풀을 먹고, 앉아서 그것을 다시 되새김질을 한다. 배부른 양들이 되새김질을 할 때는 졸면서 하기에 목자는 더욱 눈을 부릅뜨고 사자나 곰 같은 맹수들로부터 양들을 지켜야 한다. 양들에게 물을 먹이려면 우물에서 물을 퍼 올려 주거나 강에서는 떠내려가지 않도록 얕은 물가에서 먹여야 한다. 다른 동물들과는 다르게 양들은 한번 지나온 길도 다시 찾아가지 못한다. 그래서 길을 잃기가 쉬운 동물이다. 그래서 목자는 맨 앞에서 양들을 인도해 주어야 한다. 그래서 목자의 인도가 없는 양들은 살아있어도 생명을 유지하기가 아주 어려운 동물이다. 하지만 좋은 목자를 만나면 양은 아무것도 걱정할 필요가 없이 좋은 꼴을 배불리 먹고, 쉴만한 물가로 인도함을 받으며, 사나운 맹수의 공격도 염려할 필요가 없는 것이다. 주일학교 교사는 어린이들에게 있어서 목자와 같은 존재가 되어 주어야 하는 것이다. 단지 주일 예배 시간에 공과만 준비해서 전달해 주는 자가 아닌 어린이들의 생명을 돌보는 목자가 되어야 하는 것이다. 그런 생각을 한다면 교사인 우리가 단지 코로나19의 상황이 되었다고 해서 모든 것에 손을 놓아 버리고 어린이들을 돌보는 일에 할 수 없는 환경이라고 핑계를 댈 수가 없는 것이다. 아무리 어려워도 어린이들에게 양식을 주어야 하며, 그들이 영적으로 건강하게 자라날 수 있도록 돌보아 주어야 한다. 그것이 진정한 목자의 역할을 하는 것이다. 아무리 어려운 시기라도 복음을 전달하고 양들을 먹이는 일은 게을리 할 수 없다. 어린이들의 영적인 생명이 전적으로 교사들에게 달려 있기 때문이다.

3. 복음 전하는 자로서의 교사

교사의 가장 중요한 역할은 어린이들로 하여금 복음이 이어지게 하는 것이다. 교사는 이 시대의 어린이, 다음 세대에 복음을 전하기 위하여 하나님으로부터 부름을 받은 자이다. 먼저는 자신이 맡은 반의 모든 어린이들이 예수 그리스도를 구주로 믿고 하나님의 자녀가 되도록 도와주어야 한다. 아무리 어린이들과 재미있게 놀아주고, 좋은 가르침을 많이 주어도 반의 모든 어린이가 하나님의 자녀가 되도록 도와주지 못한다면 그것은 교사로서 가장 중요한 역할과 의무를 소홀히 하는 것이다. 그리고 교사는 또한 주위의 어린이들이 예수 그리스도를 구주로 만날 수 있도록 복음을 전해야 한다. 교사가 잃어버린 어린 영혼들을 사랑하시며 그들이 주님께로 나아오기를 바라는 하나님 아버지의 열정을 가지고 복음을 전할 때, 그 복음의 열정이 반의 어린이들에게도 전달될 수 있다. 본회의 여러 지회에서 올해도 변함없이 어린이 날을 맞이하여 공원에서, 야외에서 어린이들에게 복음을 전하며 현장에서 받은 감동과 은혜들을 함께 누릴 수 있었다. 그 간증들의 한결같은 나눔은 '올해에는 방해도 더 적었고, 오히려 격려를 받으며 전도를 하였다'는 것이었다. 물론 전도자들은 방해와 어려움이 있었어도 굴하지 않고 전도를 했을 것이고, 방해가 있었다면 그것을 극복하면서 또 다른 간증이 있었을 것이다. 이것이 그리스도를 위하여 당하는 고난이기에, 복음 전도자들은 방해와 어려움을 당하는 것을 당연한 것으로 여기기에 하나님 앞에서 마음을 강하게 먹고 나가는 것이다. 하지만 올해에는 하나님께서 어려운 환경임에도 복음의 열정으로 나아가는 전도자들을 격려하기 위함인지 오히려 다른 해 보다도 방해가 없이 복음을 전할 수 있게 하셨다. 특별히 코로나19가 시작된 지난해부터 많은 교사들이 전도하러 나가면서 혹시나 있을 어려움을 생각하여 자신의 소속 교회 이름을 밝히지도 못하고, 그렇다고 CEF에서 나왔다고 말하기도 주저하면서도 오직 복음을 전해야 한다는 일념으로 나아가는 전도자들을 바라보며 지도자들은 "참 미안한 마음마저 들었다"라고 한다.

해마다 5월경이면 어린이전도협회 국제본부에서는 전 세계 어린이전도협회 사역을 통하여 복음을 전한 내용들을 발표한다. 이번 5월에 발표된 2020년의 사역 통계에 의하면 코로나의 세계적인 확장 속에 진행된 CEF 사역을 통하여 16,416,717명의 어린이들에게 복음을 전할 수 있었고, 5,616,810명의 어린이들이 주님을 개인의 구주로 만날 수 있었다. 이것은 실로 엄청난 통계였다. 물론 이 수치는 그 전 2019년의 통계보다 1000만 명 정도가 줄어든 통계이지만 전 세계가 코로나로 갇혀있는 상황에서 이룬 사역의 열매로 보면 정말 믿기 어려운 결과이고, 전 세계 사역자들이 목숨을 걸고 이룬 사역의 열매였다. 어떤 사람들은 '이런 상황 가운데 꼭 전도를 해야 하는가?', '이런 때는 좀 쉬었다가 환경이 나아지면 전도해야 하지 않을까?' 묻기도 한다. 이렇게 말하는 사람들을 보면서 우리는 그들이 복음의 열정이 없는 사람들이라고 단정하며 말할 수는 없다. 그들도 어려운 상황이 생기지 않기를 바라며 안타까운 마음으로 말했을 것이기 때문이다. 그리고 물론 이럴 때에는 모든 부분에서 조심을 하여야 한다. 하지만 아무리 어려운 때에도 멈출 수 없는 것이 있다. 우리가 방역 수칙은 그 어느 누구보다도 철저히 지키면서 시기를 떠나서 꼭 해야 하는 일들은 반드시 해야 한다. 시대가 어려울수록 복음을 전해야 한다. 왜냐하면 복음만이 이 시대의 진정한 희망이 될 수 있기 때문이다.

초대 교회 성도들은 목숨을 걸고 복음을 전했고, 복음을 받아들이는 자들도 목숨을 걸고 복음을 받아들였다. 복음을 전하는 사람들도 목숨을 걸어야 전할 수 있었고, 복음을 받아들이는 사람들도 자기에게 소유된 모든 것을 잃을 각오를 해야 했으며 또 상황에 따라서는 목숨을 내놓아야 했다. 하지만 그런 때에도 많은 사람들이 예수 그리스도를 구주로 고백하며 나아왔다. 그리고 그것은 그들의 일생에 있어서 가장 탁월한 선택이었다. 복음을 받아들이는 것은 그들의 삶을 송두리째 바꾸어 놓는 중요한 결단이었다. 때로는 예수 그리스도를 구주로 믿는다는 단한 가지 이유만으로 맹수들에게 던져져야 했고, 어떤 이들은 지하 카타콤에서 햇빛 한 번 보지 못하고 수십 년을 살아야 했으며, 자신뿐 아니라 자기의 자녀들도 그렇게 살아야 했다. 하지만 그들은 그것을 전혀 두려워하지 않았고, 복음은 그들의 삶에 엄연한 실제이며, 능력이기에 그들은 기꺼이 그 대가를 지불하며 주님을 구주로 믿었던 것이다. 그렇게 목숨을 아끼지 않고 복음을 전하며, 복음을 받아들인 사람들이 있었기에 오늘 우리가 예수 그리스도를 구주로 믿을 수 있는 영광스러운 축복이 이어져 올 수 있었다.

 미국 인디아나 폴리스의 칼리지 파크교회의 담임 내이트 어윈 목사님은 "지금 이 시간에도 정말 복음을 전하기 어려운 환경 속에서 고통을 받으며 복음을 전하는 사람들을 생각하면 본인의 삶이 부끄럽게 여겨진다"고 말하였다. 내가 정말 그렇게 어려움 가운데 고통을 받으며 복음을 전하지는 못해도 그들을 위해 기도하고 있는가? 내가 거기에 가지는 못하지만 나의 마음속에는 그들과 같은 각오가 있는가? 주님이 나를 위해 죽어주셨고, 그 은혜로 구원을 받았는데 왜 나에게는 그들과 동일한 마음이 없을까? 우리는 우리 자신을 다시 한 번 생각해 보아야 한다. 교사인 여러분은 주님의 고난에 동참하기를 기뻐하고 있는가? 정말 그리스도가 나를 위해 십자가에서 죽어 주신 것이 나의 실제가 된다면 나의 삶을 통해 그 분이 원하시는 일을 이루어 나가기 위해 내가 넘어야 할 것은 무엇인가를 찾아보고 그것을 믿음으로 이겨내는 우리가 되어야 한다. 하나님은 우리가 오늘 이 시대에 바울과 동일한 열정으로 살기를 원하신다. 진정 이 시대에 "그리스도를 위하여 남은 고난을 내 육체에 채우노라"라고 고백하는 바울과 같이 우리의 어린이들을 위하여 내가 할 수 있는 최선의 일을 감당하며 살아가는 자가 되기를 원하신다. 복음의 열정으로 살아가는 삶은 우리의 인생이 하나님을 위하여 살아갈 수 있는 최고의 섬김이고, 우리의 인생이 가장 값지게 살아갈 수 있는 방법이다. 우리가 그렇게 살았을 때 우리에게서 배운 어린이들이 미래에 우리보다 더 멋진 모습으로 살아갈 것이기 때문이다.

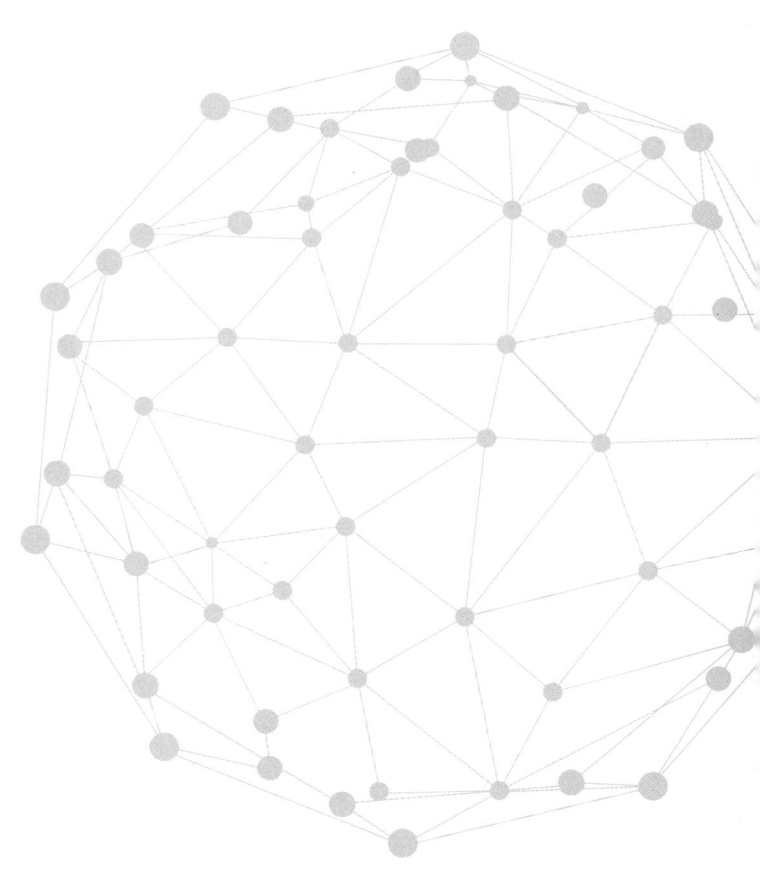

Chapter Six 교사 특강과 메세지

특강 2.
메시지, 교사 스승 그리고 아비

박한수 목사(통합)

제자광성교회 담임목사

장로회신학대학교 신학대학원 졸(M.Div.)
장로회신학대학교 신학과(Th.B)
제자광성교회 담임

jeja12@daum.net
031-976-7272

　사람은 어떤 일을 하면서도 얼마나 중요한 일을 하고 있는 줄을 모르고 행할 때가 있다. 정치하는 사람들이 국회에서 어떤 법을 제정하기는 쉽지만, 그 후폭풍을 모르고 어떤 법을 만들 때가 있다. 필자가 교육전도사 시절에 겪은 일이다. 어느 주일날 설교를 하면서, 갑자기 본문과는 상관없이 다음과 같은 설교가 내 입에서 툭 나갔다. '오늘 예배에 오신 여러분들 중에 너무 살기가 힘들고 어려워서 이 세상을 그만 살고 싶더라도 절대 그렇게 마음을 먹어서는 안 된다. 죽음은 끝이 아니고, 진정한 시작이다. 사람이 죽는 것도 그 마음대로 할 수 있는 것이 아니라, 하나님의 뜻 안에 있으며 죽은 다음에는 반드시 심판이 있다고 했다. 그러므로 혹 죽을 마음을 먹은 사람이 있으면, 회개하고, 정신 차려 살거라' 이런 내용의 설교를 마쳤다. 예배 후에, 벌벌 떨면서 고3 학생이 찾아왔다. 오늘 설교 후에 자신은 극단적인 선택을 하려고 했는데, 설교를 듣고, 마음을 고쳐 먹었다는 것이다. 그 학생은 떨고 있었다. 한편의 설교로도 한 인생의 생사가 오갈 수 있음을 깨닫게 되었다. 세상에는 여러 일들이 있다. 한국에만 약 8,000가지의 직종이 있으며, 미국에는 15,000가지의 직종이 있다고 한다. 그 많은 일들중에, 살리는 일은 얼마나 있을까? 우리들은 살리는 일을 맡은 사람들이다. 그것도 육신의 생명을 살리는 정도가 아니라, 영원한 생명을 살리는 일을 맡은 자이다. 우리가 자격이 되고 안되고 이전에, 우리에게 주님께서 이런 중차대한 일을 맡겨주신 것이다. 우리가 주님을 믿고 사랑하기 전에, 주님이 우리를 먼저 믿고 사랑해 주셨다. 탈무드 격언에 이런 말이 있다. "한 사람을 살리는 것은 세상을 살리는 것이다" 그렇다. 내 앞에 있는 한 사람을 살리는 것은, 그 가문과 후대를 살리고, 역사를 바꾸는 일이다. 먼저, 우리는 누구인가를 살펴보자.

1. 우리는 복음에 빚진 자이다

빚을 져보았는가? 아무리 똑똑해도, 진실해도, 능력이 있어도 아무런 소용이 없다. 저주 중에 저주는 빚지는 것이다. 나라가 빚을 지니까, 듣지도 보지도 못한 IMF에 꼼짝 못 했다. 하루아침에 회사가 넘어가고, 직장이 사라지고 말았다. 개인이든 국가든 빚은 이처럼 무서운 존재이다. 그런데 우리는 그런 빚이 아니라, 복음의 빚을 진 사람들이다. 바울은 하늘의 상급을 바라보면서, 복음을 전했지만, 한편으로는 교회를 핍

박하고, 예수님을 핍박했던 자신에게 복음을 듣고 살려주시고 그 복음에 빚진 자로서 평생 복음을 전했다. 그 누군가는 우리에게 복음을 전해주고 가르쳐주고, 설득하며 기다려주었다. 그래서 우리가 오늘날, 목사가 되고, 교사가 된 것이다. 바울의 고백을 들어보자.

"전에는 훼방자였는데 주님이 길이 참아주셔서 나에게 능력을 주시고 충성되이 여기셔서 직분을 주셨다"-딤전 1:12 -

우리는 취미로, 혹은 우리의 믿음성장을 위해서, 혹은 교회를 위해서 교사를 해주고 있는 것이 아니다.

우리는 세상을 바꾸는 일을 하는 사람들이다. 우리는 취미로 교사를 하는 사람들이 아니다. 일종의 절박함으로 감당해야 한다. 아까 언급한 대로 자신들이 어떤 일을 하면서 얼마나 중차대한 일인 줄 모르고 하면 안 된다. 그것은 이 세상과 역사 앞에 죄를 짓는 것이다. 삼풍백화점이 왜 무너졌는가?, 성수대교가 왜 무너졌는가? 우리는 자세히 알지 못하지만, 누군가 그 의무를 소홀히 한 것이다. 건물 설계, 건설, 그리고 그 이후에 관리감독을 누군가 간과한 것이다, 그 결과로 이런 참혹한 일이 생긴 것이다. 스탈린은 일찍 신학생이 되었다. 아버지는 구두수선공이었고, 어머니는 재봉사였다. 그는 총명하여 성적도 우수했다. 그러나 그는 오히려 신학교에 입학해서 망가져 버렸다. 하나님을 인격적으로 만나지 못하면서, 찰스 다윈의 저서에 탐독하여 무신론자가 되었고, 그러다가 신학교가 파업을 해서 학교를 옮기면서, 그곳에서 사회주의 혁명에 눈을 뜨고, 학교를 자퇴하고 만다. 그 후 소련의 독재자가 되어서, 수백만 명을 학살하는 죄를 범했다. 역사에 가정은 필요 없지만, 누군가 스탈린이 신학을 하고 있을 때, 그를 진심으로 대하고, 기도하면서 복음을 전해주었다면, 이 세상의 역사는 어떻게 되었을까? 본문에는 스승이 등장하고, 아비가 등장한다. 오늘 현실의 말씀으로 적용하면, 한 가지 더 분류할 수 있다. 그것은 교사이다. 그러므로 우리는 교사, 스승, 아비 가운데 하나이다. 사실 스승만 되어도 대단한 것이다. 이 세상에 참 스승만 있어도 이 세상은 이렇게 망가지지 않았을 것이다. 그러나 사도 바울은, 자신은 스승이 아닌, 아비라고 소개하고 있다. 그리스도 안에서 스승은 많다, 많이 보아왔다. 말씀을 가르치고, 지식을 전달하면, 인격적 감동을 주는 스승을 많이 보아왔다. 그러나 복음을 낳아, 아들삼아, 자신의 생명을 나누어 주는 아비를 많이 보지 못했다. 나는 너희들을 위해 스승이 아닌, 아비가 되었다. 그러므로 너희는 이런 나를 본받으라. 얼마나 확신에 찬 고백인가? 감히 나를 본받으라고 말하다니,,, 다른 것은 몰라도, 영혼을 살리기 위해서 영적아비가 되어 살아가는 자신을 본받으라고 말하고 있는 것이다.

교사는 학생에게 지식을 전수한다.

즉 학생들을 좋은 대학에 보내기만 하면 된다. 그러면 일등 교사이다. 스승은 지식은 물론이거니와 거기에 더하여 인격을 전수해 준다. 가장 비슷한 인물이 바로, 허준의 스승 유의태이다. 허준은 유의태 선생에게 의술만 배운 것이 아니다. 사람의 생명을 다룸에 있어서 갖추어야 할 인격과 자세를 배웠다. 그것이 의술보다 더 많은 가르침이었다. 재산정도와 신분정도에 따라 환자를 대하지 않는 대쪽같은 자세는, 스승, 유의태가 아니면 배울 수 없는 것이었을 것이다. 그러나 아비는, 지식은 교사만 못하고, 인격도 때로는 스승만 못해도, 자식을 사랑하는 마음과 행동은, 교사와 스승이 감히 넘볼 수 없다. 아비는 자식에게 전부를 준다. 그러고도 안절부절못한다. 아비는 자식에게 더 이상 줄 것이 없으면, 마지막에 생명을 준다. 우리가 아비를 존중하는 것은, 똑똑해서가 아니다. 나를 위해서 죽어줄 수 있는 유일한 존재이기 때문이다. 목자는 양을 위해 생명을 건다. 외부의 공격에서, 그리고 양들의 고통을 절대 지나치지 않는다.

여러분은, 교사인가, 스승인가, 아비인가?

주님은 우리에게 생명을 주셨다. 한 사람의 변화는 사랑을 받을 때 변한다. 베드로는 주님을 세 번이나 부인했으나 찾아오신 주님의 사랑에 무너져 내렸다. 오늘날 교회학교 현장에서도 마찬가지이다. 복음은 지식이 아니다. 복음은 생명이며, 이 생명의 복음은 십자가의 사랑을 통로 삼아 전해진다. 이제, 교회학교가 무너지고 있고, 특히 코로나라는 암초를 만나 좌초되고 있는 현실속에서, 아동부 10%, 중고등부 5%, 청년부 3% 복음화율이라는 엄중하고, 비관적인 현실 앞에서, 우리는 무엇을 해야 하는가?

2. 우리가 먼저 그리스도를 본받는 자가 되어야 한다.

논밭을 보면, 그 농부를 알 수 있고, 집을 보면, 그 주인을 알고, 자식을 보면 그 부모를 안다. 마찬가지로, 세상이 우리를 보면, 우리가 믿는 분을 알아야 한다. 그래서 우리는 "그리스도인(그리스도께 속한 자)" 아닌가? 고전 11:1에서, 내가 그리스도를 본받는 자가 된 것 같이 너희는 나를 본받는 자가 되라고 권면하고 있다. 교회학교 아이들에게 교사는 어떤 존재인가? 예수님을 만날 수 있는 모델이다. 교사가 지식을 전달하는 것으로 그치면 그 아이들은 성경의 지식은 갖게 되겠지만, 주님을 만날 수는 없을 것이다. 몽골에 가서, 양을 직접 치는 것을 직접 보았는데, 양들의 뒤에서 목자가 양몰이를 하는 것은 쉽지 않아 보였다. 양은 목자가 앞장서서 갈 때 서서히 따라가기 시작했다. 시야가 나쁜 양들은 목자의 음성을 듣고 길을 잃지 않고 따라가고 있었다.

마찬가지로, 우리는 뒤에서 아이들을 다그치는 교육이 되어서는 안 된다. 우리가 기도하지 않는데 아이들이 기도하겠으며, 우리가 헌금하지 않는데, 아이들이 헌금을 하며, 우리가 예배에 집중하지 않는데, 아이들이 예배 중에 하나님을 경험하겠는가? 우리가 먼저 주님을 바라보면 양들이 우리를 보는 것이 아니라 주님을 볼 것이다. 바울은 얼마나 엄청난 고백을 하고 있는가? "나는 그리스도를 본받기 위해서 전부를 걸었다. 너희도 그런 나를 본받으라. 내가 주님을 사랑하는 만큼만 사랑해라. 내가 복음을 전하는 열정만큼만 복음을 전해라, 내가 형제와 이웃을 사랑하는 것만큼만 형제와 이웃을 사랑해다오." 라고 그는 고백했다.

3. 우리의 심장에 불이 있어야 한다.

불은 열정이다. 기도의 불과 성령의 불을 가진 불이 붙은 심장을 가진 아비교사 되어야 한다. 영혼의 불은 기도에서 나온다. 기도하는 교사를 마귀는 이기지 못한다. 기도하는 교사에게 권위가 임하며 기도하는 교사에게 주님은 영혼을 붙여 주신다. 기도하지 않으면, 가르침에 불이 없다. 불이 나가지 않으면 그 영혼은 충격을 받지 않는다. 기도 없는 교사의 헌신과 사역은 일이 될 뿐이지 사명이 되지 않는다. 기도와 함께한 사역은 생명이 되고 불이 된다. 심령의 변화와 사람의 변화는 기도에서만 온다. 주님께서는 열두 제자들을 선택하시기 전 기도하셨다. 요한복음 17장이 온통, 제자들을 위한 중보의 기도였다. 시험에 흔들리는 베드로를 향해서 주님은 중보의 기도를 하셨다. 사탄이 너를 밀까부르듯 넘어뜨리려 하지만, 네 믿음이 떨어지지 않기를 기도하였으니 너는 돌이킨 후에 네 형제를 굳게 하라고 하셨다.

사람은 영적인 존재라 진심인지, 진짜인지, 불이 있는지 아이들도 안다. 시간만 적당이 때우는 교사인지 경쟁심에서 다른 사람에게 인정받으려고 교사를 하고 있는지, 억지로 떠밀려 교사를 하고 있는지 아이들이 알고, 주님이 알고 원수 사탄도 안다. 그래서 우리에게는 뜨거운 심장이 식어지지 않도록 그 뜨거움을 항상 유지하여야 한다. 에베소 교회가 받은 책망처럼, 시간이 지났다고 오래 되었다고 쉬운 것이라고 열정이 없이 사역을 하면 주님의 책망의 소리를 듣게 될 뿐이다. 주님께서 식어버린 우리에게서 촛대를 다른 곳으로 옮기시기 전에 뜨거운 심장을 회복하자. 또한 아비들은 성실한 아비가 되어야 한다. 미국이 이라크

와의 1차 전쟁에서 승리한 후 ABC 방송에서 전쟁을 승리로 이끈 미군 사령관을 초청해서 대담을 가졌다고 한다. 진행자인 바버라 월터스가 사령관에게 "오늘날 미국의 가장 큰 적이 무엇이라 생각합니까?"라고 묻자 사령관은 "그것은 이라크 같은 외부의 적이 아닙니다. 미국에서 눈물 없는 남자들이 많아지고 있다는 데 있습니다"라고 말했다. 사령관은 미국에서 사라지고 있는 "절박함"에 대해서 꼬집은 것이다.

일본의 고무로 나오끼라는 학자는 한국 사회에 장인 정신을 가진 자들이 거의 없다고 지적하였다. 물건을 대충 만들고, 헝그리 정신이 사라졌다고 충고를 했다. 우리 입장에서는 이방인들이 우리 밥상에 콩놔라 팥놔라하는 것이 불쾌하지만 어느 정도 인정할 수밖에 없다. 주님의 일을 수행하는 자들도, 예전보다 더 좋은 하드웨어와 시설물과 환경을 가졌지만, 영성이 예전의 선배들만 못하다. 그 차이는 절실함과 절박함에 대한 정도의 차이라고 생각한다. 절박한 아비 교사가 한 영혼을 뒤흔들고 바꿀 수 있다. 여러분은 교사인가, 스승인가, 아니면 아비인가? 세상에서는 스승만 되어도, 최상의 교사라고 할 수 있다. 그러나 사도바울은, 일만 스승은 많지만, 아비가 적다고 염려했다. 바울의 기준은 아비가 되는 것이다. 눈물과 땀을 흘릴 수 있는 한 어린 영혼을 위해 전부를 걸 수 있는 영적 아비가 세상을 바꾼다. 우리는 세상에서 가장 가치 있는 일을 맡고 있는 사람들이다. 그대의 이름은 교회학교 교사이다.

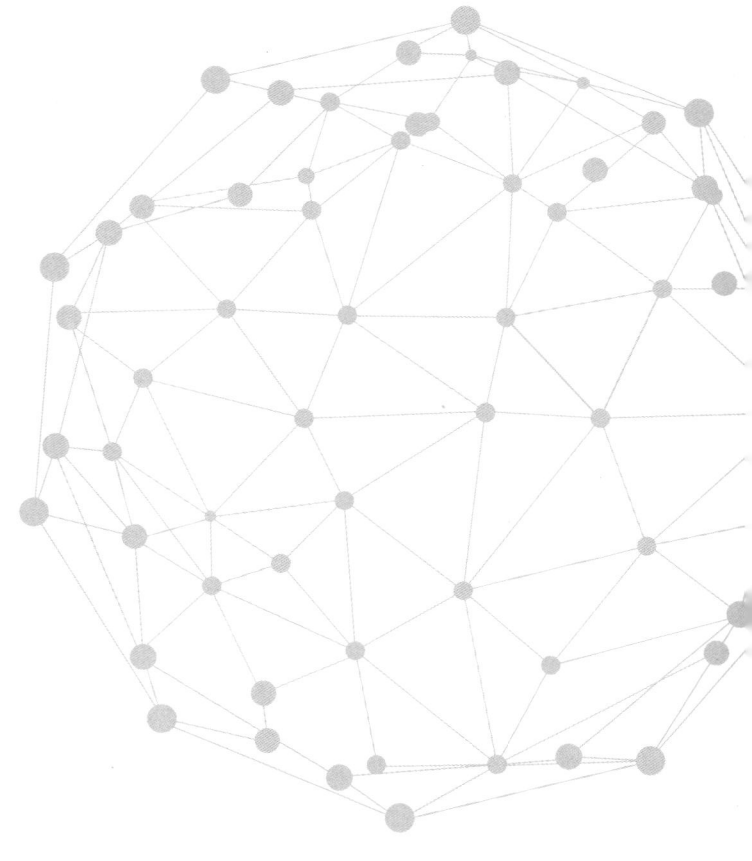

Chapter Six 교사 특강과 메세지

<엑스폴로23>을 꿈꾸며

 할렐루야! 〈교육목회 엑스폴로 22〉를 이루어 가시는 성삼 위 하나님께 모든 영광을 올려 드린다. 무소 부재하시고 전지전능하신 하나님의 이끄심으로 2022년도 교회학교의 회복과 부흥의 로드맵이 태어났다. 2년여 코로나19의 위기 속에 눈물로 기도하고 엎드린 하나님의 응답이다. 정말 기도밖에 할 수 있는 것이 없었다.
 제일 먼저 감사할 분이 있다. 아산 큰빛교회 길성권 목사이시다. 2년여 사역의 중단으로 피폐해져 있던 우리 부부를 교회로 초대하여 분에 넘치는 사랑을 쏟아 주셨고 위로해 주셨으며 정기적인 재정으로 섬겨 주셨다.
 〈교육목회 엑스폴로 22〉의 출발점에서 희망의 테이프를 끊어준 이철 감독회장님의 초대 대회장 수락과 재정 지원에 감사드린다. 묵묵히 재능기부의 수준을 뛰어넘어 꿋꿋하게 유튜브 방송 영상을 제작 편집 송출해 준 이동진 목사께 감사드리고 선뜻 출판을 섬겨준 물맷돌 최남철 대표께도 감사드린다. 120명의 다음 세대 부흥본부 중보기도꾼들께 감사드리고 틈틈이 후원금을 보내 주신 하나님의 천사의 손길들에게 고개 숙여 감사드린다.

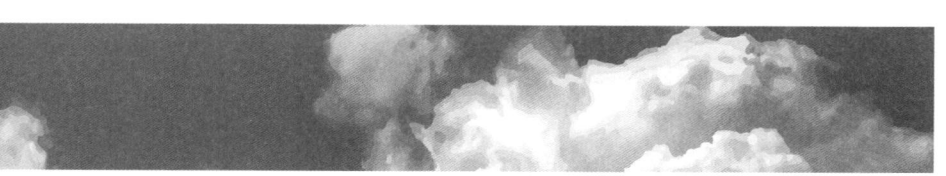

　이제 2023년을 꿈꾼다. 여기저기 교회 속의 교회인 〈유년 교회, 초등 교회, 소년 교회, 어린이 교회, 아동 교회, 키즈 처치〉가 구축되고 뜨거운 찬양이 매 주일 하나님께 올려지고, 솔로몬의 일천번제, 아벨의 예배와 흡사한 하나님께서 받으시는 어린이 예배가 주께 열납 되고, 예수 그리스도의 공동체로, 노벨상 후보로 자라나는 작은 예수님의 제자들이 전국 방방곡곡에 우뚝우뚝 세워짐을 본다. 초교파 전국 지역 지역마다 복음으로 다음 세대를 목회하는 교회들이 나타나 더 실제적이고 희망이 가득한 회복과 부흥의 내용을 전해 드릴 수 있겠다.

　교회학교가 학교의 모습을 벗고 진정한 교회 속의 교회로 거듭나고 2023년, 2024년, 2025년으로 이어질 것이다. 주께서 다시 오실 그날까지 이 땅의 다음 세대가 복음으로 충만한 세대로 하나님께서 그렇게 원하시고 바라시고 선포하신 예수 그리스도의 장성한 분량으로 자랄 것이다. 아멘 주 예수여 어서 오시옵소서! 마라나타! 할렐루야!

다음세대부흥본부본부장
박연훈 목사

**교육목회
엑스폴로
22**

초판 인쇄 2021년 11월 11일
초판 발행 2021년 11월 18일

지은이 박연훈 외 14명

펴낸곳 물맷돌 | 수엔터테인먼트
발행인 최남철

총판 생명의말씀사
출판등록 306-2004-8
주소 경기도 남양주시 평내동 611-6
구입문의 010-9194-3215

ISBN 979-11-86126-35-6 (03230)

값 15,000원

※ 물맷돌은 수엔터테인먼트의 기독브랜드입니다.
  이 책은 수엔터테인먼트사가 저작권자와의 계약에 따라 발행한 것이므로
  이 책의 내용을 이용하시려면 반드시 저자와 본사의 허락을 받아야 합니다.
※ 잘못된 책은 구입처에서 교환하여 드립니다.